MARCO POLO

ALASKA

YUKON

> Alaska ist für uns Europäer ein ziemlich ideales Urlaubsland. Die Wildnis, die unendliche Weite sind tief beeindruckend. Und die Menschen sind unglaublich offen und herzlich.

MARCO POLO Autor
Karl Teuschl
(siehe S. 122)

Spezielle News, Lesermeinungen und Angebote zu Alaska:
www.marcopolo.de/alaska

ALASKA

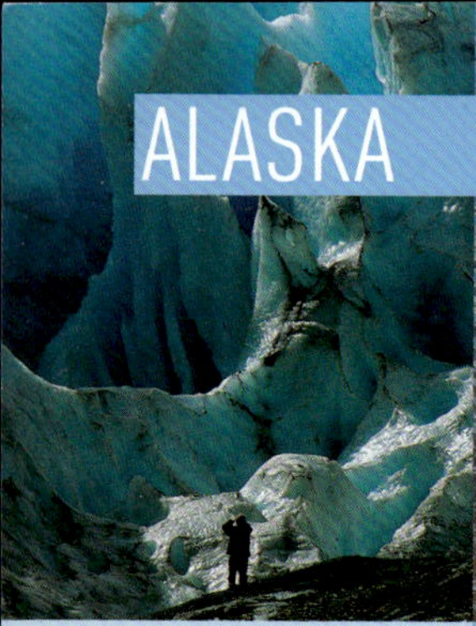

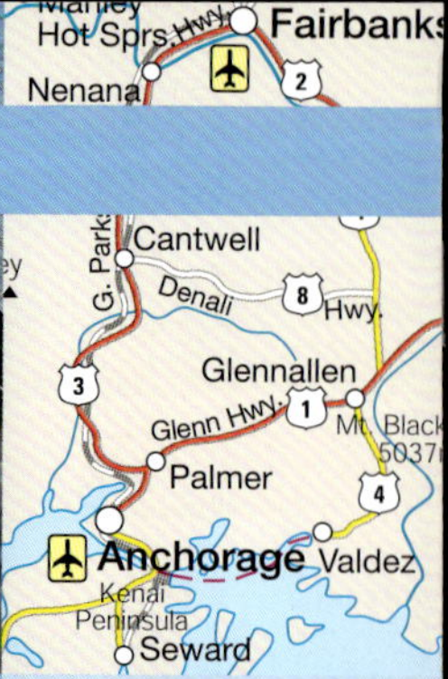

> SYMBOLE

Insider Tipp **MARCO POLO INSIDER-TIPPS**
Von unserem Autor für Sie entdeckt

★ **MARCO POLO HIGHLIGHTS**
Alles, was Sie in Alaska kennen sollten

SCHÖNE AUSSICHT

▶▶ **HIER TRIFFT SICH DIE SZENE**

> PREISKATEGORIEN

HOTELS

€€€ ab 160 Euro
€€ 90–160 Euro
€ bis 90 Euro

Die Preise gelten für ein Doppelzimmer zur Hochsaison ohne Frühstück. Einzelzimmer sind nur selten billiger

RESTAURANTS

€€€ ab 30 Euro
€€ 20–30 Euro
€ bis 20 Euro

Die Preise gelten für ein komplettes mehrgängiges Essen, ohne Getränke

> KARTEN

[108 A1] Seitenzahlen und Koordinaten für den Reiseatlas Alaska

Karten zu Anchorage, Fairbanks und Juneau finden Sie im hinteren Umschlag.

[0] außerhalb des Kartenausschnitts

Zu Ihrer Orientierung sind auch die Orte mit Koordinaten versehen, die nicht im Reiseatlas eingetragen sind

INHALT

> SZENE

S. 12–15: Trends, Entdeckungen, Hotspots! Was wann wo in Alaska los ist, verrät der MARCO POLO Szeneautor vor Ort

> 24 STUNDEN

S. 88/89: Action pur und einmalige Erlebnisse in 24 Stunden! MARCO POLO hat für Sie einen außergewöhnlichen Tag in Anchorage zusammengestellt

> LOW BUDGET

Viel erleben für wenig Geld! Wo Sie zu kleinen Preisen etwas Besonderes genießen und tolle Schnäppchen machen können:

Nachtquartier plus Nachrichtenbörse S. 40 | Billige Burger, prima Pancakes S. 52 | Vergünstigte Fährfahrkarten bei ferryalaska.com S. 64 | Preiswerte Flüge mit den Postfliegern S. 75 | Billige Betten in Blockhütten am Yukon S. 80

> GUT ZU WISSEN

Was war wann? S. 10 | Spezialitäten S. 26 | Bücher & Filme S. 36 | Blogs & Podcasts S. 60 | Weißkopfseeadler S. 66 | Die ständigen Begleiter S. 82 | www.marcopolo.de S. 96 | Was kostet wie viel? S. 98 | Währungsrechner S. 99 | Wetter in Anchorage S. 100

AUF DEM TITEL

Bootstour im Glacier Bay National Park S. 58
Lachsfang in Klukshu S. 80

ENTDECKEN SIE ALASKA!

Unsere Top 15 führen Sie an die traumhaftesten Orte und zu den spannendsten Sehenswürdigkeiten

Die Highlights sind in der Karte auf dem hinteren Umschlag eingetragen

1 World Eskimo-Indian Olympics
Meisterschaften der anderen Art in Fairbanks: zum Beispiel einbeiniger Hochsprung und Fischezerlegen (Seite 23)

2 Alaska Native Heritage Center
Ureinwohnerkultur hautnah in Anchorage: Märchen der Indianer, Masken der Eskimos und Erdhäuser der Aleuten. Mehrmals täglich auch Tanzvorführungen (Seite 34)

3 Lake Hood
Beeindruckend nicht nur für Technikfans: Hier starten stündlich Dutzende Wasserflugzeuge in die Wildnis. Vorsicht: Auf den Straßen rund um den See haben Flugzeuge Vorfahrt! (Seite 35)

4 Kenai River
Dicht an dicht stehen Angler an Alaskas berühmtestem Lachsfluss. Doch die Ausbeute ist gewaltig (Seite 42)

5 Fjordtouren
Wale, Lummen und Alke: eine spektakuläre Bootsfahrt durch die Welt des Kenai Fjords National Park (Seite 44)

6 Denali Park Road
Mehr Bären, Elche und Karibus gibt es nirgends zu sehen als bei dieser holpernden Tagestour per Bus (Seite 52)

7 University Museum
Besser sind Natur und Kultur Alaskas nicht zu erleben als in diesem Museum in Fairbanks (Seite 53)

> DIE BESTEN MARCO POLO HIGHLIGHTS

8 Sightseeingflüge
Am schönsten gegen Abend: ein Rundflug über die Eiswelt auf dem Mt. McKinley (Seite 55)

9 Glacier Bay National Park
Bei schönem Wetter ein eisblauer Traum: Meer, Gletscher und Berge im XL-Format (Seite 58)

10 Taku Glacier Lodge
Gegrillter Lachs in einer knuffigen Pionierlodge mit Panoramablick, dazu Ausflüge im Wasserflugzeug (Seite 62)

11 Totem Bight Historical Park
Wie aus einer lang vergessenen, mystischen Welt stehen hier Totempfähle auf einer vom Regenwald umwucherten Landzunge (Seite 63)

12 Katmai National Park
Bären, Lachse, grandiose Urwelt: Dies ist einer der wildesten und schönsten Parks des Landes (Seite 73)

13 Pribilof Islands
Robben, Füchse und Vögel ohne Scheu vor Menschen – ein arktischer Garten Eden (Seite 75)

14 Dawson City
Ein Open-Air-Museum der Pionierzeit – in der Boomtown am Klondike fand der berühmte Goldrausch statt (Seite 78)

15 Dempster Highway
Die nördlichste Wildnispiste Kanadas. Am Weg warten Wölfe, Polarfüchse, Karibus – und leider auch viele Moskitos (Seite 79)

WAS
FÜR
EIN
LAND!
Chilkat Range

AUFTAKT

Auf der Liste der letzten Paradiese unserer Erde steht Alaska ganz oben. Zu Recht, denn wild und ursprünglich ist der 49. Bundesstaat der USA wirklich: Hier gibt es die größten Lachse und die größten Grizzlybären. Hier ist ein einzelner Nationalpark größer als die Schweiz und ein Gletscher von 60 km Länge nichts Ungewöhnliches. Bei solch grandiosen Kulissen ist Alaska vor allem ein Paradies für Outdoorfans. Egal, ob es eine Wanderung auf den Spuren der Goldgräber ist oder eine Angelreise, eine zweistündige Kajaktour oder eine zweimonatige Floßfahrt auf dem Yukon zur Beringsee – Alaska hat Platz für alle Aktivitäten.

> Alyeska, „weites Land“, nannten die Ureinwohner der Aleuten das Festland, von dem aus ihre windumtosten Inselchen in den Nordpazifik hinauskleckerten. Die russischen Entdecker und Pelzhändler, die Mitte des 18. Jhs. von Sibirien her kamen, übernahmen den Namen und erzählten zu Hause von diesem geheimnisvollen, wilden Land, wo die Pelze der Seeotter so fein waren, dass sie in China mit Gold aufgewogen wurden. Ein Mythos war geboren – der Traum von einem weit entfernten, riesigen und noch unberührten Land voller Schätze.

Bis heute lebt dieser Traum fort, bis heute lockt am Norden die ursprüngliche Wildnis, die im Rest der Welt so selten geworden ist. Was zuerst auffällt bei einer Reise durch Alaska, ist tatsächlich die schier unglaubliche Weite des Landes. Sicher, Fjorde und Gletscher kennt man aus Norwegen, große Seenplatten aus Schweden oder Finnland. Doch hier ist alles einige Nummern größer. Wenn Finnland sich mit 1 Mio. Seen brüstet, sind es in Alaska 3 Mio. – und dazu 3000 Flüsse und eine Küste von 80 000 km Länge. Von 6000er-Gipfeln und Eisfeldern immenser Größe ganz zu schweigen.

1,7 Mio. km^2 ist Alaska groß, weit größer als die skandinavischen Länder zusammengenommen. Dabei leben im 49. Bundesstaat der USA nur knapp 675 000 Menschen. Statistisch gesehen hat jeder Alaskaner 2,6 km^2

> Ein Land für Pioniere und Abenteurer

Platz für sich – eine sagenhaft niedrige Bevölkerungsdichte. In Deutschland müssen sich 230 Leute 1 km^2 teilen. Die Statistik verzerrt das wahre Bild sogar noch: Gut die Hälfte der Alaskaner lebt nämlich in der einzigen Großstadt Anchorage, weitere 80 000 in und um Fairbanks. Da bleibt viel Platz für die Wildnis –

Wo der Buckelwal springt: Whale Watching unmittelbar vor der Küste bei Juneau

nicht von ungefähr steht heute mehr als die Hälfte des Landes in Wildschutzgebieten, National Parks und National Forests unter Schutz.

Die Russen kratzten die Wildnis einst kaum an. Sie errichteten ein paar Posten entlang der Küsten im Süden, jagten Otter und langweilten sich in den langen, dunklen Wintern. Schon 100 Jahre später – der Zar brauchte wieder mal Geld – verhökerten sie ihre Kolonie an die Amerikaner, die zunächst nicht recht wussten, was sie mit ihrem neuen Territorium, dieser „Eisbox" im Norden, anfangen sollten. Doch dann wurde um 1900 Gold entdeckt – zuerst am Klondike, dann in Nome, dann bei Fairbanks. Alaska gab seine Schätze preis, und Hunderttausende kamen – wenn auch nur kurz. Dass später Öl entdeckt wurde, passte genau in die Vorstellung: Der Norden lockte mit neuen Schätzen – und ein weiterer Boom begann. Für die Amerikaner wurde Alaska zur *last frontier* – zur letzten Grenze, zur letzten Wildnis für Pioniere und Abenteurer.

Hohe Erwartungen, möchte man meinen, doch Alaska wird ihnen mühelos gerecht. Im Südosten Alaskas bestimmen zerrissene Fjordküsten und dichte Regenwälder mit 60 m hohen Sitkatannen das Bild. Weiter nördlich um Anchorage warten in den Chugach Mountains und auf der Kenai-Halbinsel Gletscherpanoramen, schöner und erhabener, als man sie in den tollsten Naturfilmen sieht.

> Gletscher, Tundren und Regenwälder

Hier gilt es übrigens auch, sich von einem Klischee zu verabschieden: Längst nicht ganz Alaska liegt unter Eis und Schnee begraben. Gletscher gibt es nur in den Bergen Süd- und Südost-Alaskas und in der Alaska Range, die sich als zentrales Gebirgsmassiv durch das Herz des Landes zieht. Doch dort sind sie grandios: Der größte Gletscher Alaskas ist der Bering Glacier, der aus den Chugach Mountains 160 km weit zum Golf von Alaska fließt.

Der Denali National Park rund um den gewaltigen, 6194 m hohen Mt. McKinley ist ein Muss für jeden Nordlandfahrer – und die beste Gelegenheit, Grizzlys und Karibus zu erleben. Nördlich der Alaska Range dehnt sich das unendlich breite Yukon-Tal – und die Sonne scheint. Zentral-Alaska kann im Sommer mit dem besten Wetter des ganzen Lan-

WAS WAR WANN?

Geschichtstabelle

Ab 28 000 v. Chr. Paläo-Indianer aus Sibirien wandern über die Beringstraße nach Alaska ein

1741 Vitus Bering entdeckt Alaska und die kostbaren Seeotterpelze dort

1799 Alexander Baranof gründet Sitka und macht es zur Hauptstadt seines Pelzhandelsreichs

18. Okt. 1867 Russland verkauft seine Kolonie für 7,2 Mio. Dollar an die USA

1896 Gold am Klondike! 1898 Funde bei Nome, 1902 bei Fairbanks

1917 Erster Nationalpark Alaskas wird die Wildnisregion um den Mt. McKinley

1942 Bau des Alaska Highway

3. Jan. 1959 Alaska wird 49. Bundesstaat der USA

27. März 1964 Das schwerste je in Nordamerika gemessene Erdbeben erschüttert Süd-Alaska (Stärke 8,6)

1968 An der Polarmeerküste bei Prudhoe Bay wird Erdöl entdeckt

1971 Alaska Native Claims Settlement Act: Die Ureinwohner erhalten 180 000 km² Land und 900 Mio. Dollar, die von Native Corporations investiert werden

1974–77 Bau der Alyeska Pipeline von der Prudhoe Bay nach Valdez

1989 Der Tanker „Exxon Valdez" havariert: 42 Mio. Liter Öl strömen in den Golf von Alaska

2004 Steigende Benzinpreise entfachen eine Diskussion über die Ölförderung im Naturschutzgebiet Arctic National Wildlife Refuge

2008 Alaskas Gouverneurin Sarah Palin tritt als Kandidatin für die Vizepräsidentschaft der USA an, verliert aber die Wahl

des aufwarten, 30 Grad sind keine Seltenheit, doch im Winter heulen hier noch die Wölfe, und alles Leben erstarrt.

Was bleibt, ist das gewaltige Hinterland. Busch-Alaska: die einsamen Tundralandschaften am Polarmeer und an der Beringsee, die noch völlig unerschlossenen Berge der Brooks Range und die weltabgeschiedenen Inseln der Aleuten. Gut, in den weit verstreuten kleinen Eskimo-Orten gibt es heute Flugplätze und Fernsehen. Alkohol und Motorschlitten haben Einzug gehalten in die Welt der Ureinwohner. Doch das weite Land liegt ursprünglich wie einst unter der Mitternachtssonne. Große Karibu-Herden ziehen durch die Hügel des Kobuk Valley National Parks, Millionen Wildgänse nisten im Seenlabyrinth des Yukon-Deltas, Braunbären sammeln sich an den Lachsflüssen des Katmai National Parks. Bis auf wenige Ausnahmen sind diese Landesteile nur auf echten Expeditionen zu erleben – die man lange vorab planen und nur in sehr guter körperlicher Verfassung antreten sollte.

Dennoch: Trotz aller Wildheit und Abgeschiedenheit ist Alaska heute verblüffend gut zu bereisen: komfortabel per Kreuzfahrtschiff, individuell mit Mietwagen oder Wohnmobil – oder auch ganz rustikal mit Rucksack und Zelt. Auf geteerten Straßen lässt sich eine lohnende Rundfahrt unternehmen: etwa ab Anchorage über Fairbanks, Delta Junction und Valdez zurück nach Anchorage. Oder Sie reisen – mit entsprechend viel Urlaubszeit – auf dem legendären,

2300 km langen Alaska Highway von Süden her an. Viel Pionierflair und ebenso grandiose Landschaften bietet auch die zweite Region, die dieser Band einschließt: das im Osten an Alaska grenzende Yukon Territory (das inoffiziell schlicht Yukon genannt wird): ein Land, das durch den legendären Goldrausch am Klondike unter Abenteuerfans mindestens so berühmt ist wie Alaska. Politisch gehört das knapp 500 000 km² große Gebiet zwar zu Kanada, doch in Geschichte, Natur und nicht zuletzt auch in der touristischen Infrastruktur ist es untrennbar mit dem großen Nachbarn verflochten, und ein Besuch am Klondike zählt zum Pflichtprogramm jeder Nordlandreise.

Als paddle man auf einem See: Kanutour auf dem stellenweise sehr breiten Yukon River

> *Bären und Wölfe, Elche und Karibus*

Doch nehmen Sie sich nicht zu viel vor. Eine Rundfahrt mit Wanderungen und vielleicht einem Flug mit einem Buschpiloten ins Hinterland oder einem Aufenthalt in einer Wildnislodge, das genügt für zwei Wochen. Eine Fährfahrt durch die Inside Passage, ein Aufenthalt in einer Angellodge, eine Schlauchboottour auf einem abgelegenen Fluss – schon ist eine weitere Woche verplant. Und irgendwo, am Lagerfeuer auf einem Campingplatz, in einer Lodge mit Aussicht über einen majestätischen Fjord oder beim Blick auf den Mt. McKinley, werden dann auch Sie dem Zauber Alaskas erliegen.

TREND GUIDE ALASKA

Die heißesten Entdeckungen und Hotspots! Unser Szene-Scout zeigt Ihnen, was angesagt ist

Kathi Hirzinger-Merchant
Die Rosenheimerin hat ihr Herz an Alaska verloren und ist kurzerhand ausgewandert. Ihre Leidenschaft: Ice Biking. Mit ihrem speziellen Winter-Bike macht unser Szene-Scout die gesamte arktische Küste zu ihrer Spielwiese. Sie hat unter anderem als erste Frau das *Iditarod Trail Invitational* gemeistert. Was sie an Alaska so fasziniert? Dass es immer hipper wird, vor allem in Sachen Musik und Mode.

GRÜN, GRÜN, GRÜN ...

Eco-Boom

Nachhaltiger Lifestyle ist ein globaler Trend, der ebenfalls in Alaskas Popkultur angesagt ist. Denn auch wenn Umweltschutz an erster Stelle steht, muss das Design nicht auf der Strecke bleiben. In der Eco-Boutique *Circular* in Anchorage gehen ausgefallene Öko-Kleidung, -Accessoires, -Beauty-Produkte und -Wohndeko über den Ladentisch. Besonders schön: Designer-Flaschenöffner aus Fahrradketten oder Handtaschen aus recycelten Zeitschriften *(320 W. 5th Av., Suite 132, Anchorage, www.circularstore.com,* Foto*)*. Auch Hotels wie die *Sadie Cove Wilderness Lodge* setzen auf Nachhaltigkeit: Eine Wasserkraftanlage erzeugt den Strom, und das Trinkwasser fließt aus der eigenen Quelle *(im Kachemak Bay State Park, Homer, www.sadiecove.com)*. In der *Organic Oasis Restaurant & Juice Bar* ist alles aus Biozutaten: von den Smoothies über Bier und Wein bis hin zur Amaretto-Espresso-Crème-brûlée *(2610 Spenard Rd., Suite B, Anchorage, www.organicoasis.com)*.

EXTREMGOLF

Über Weiden und Eis

Getrimmte Golfplätze sind out. Außergewöhnlicher und anspruchvoller sind *Pasture* und *Ice Golf*. Beim Weidengolf (pasture) teilen sich die Spieler den Platz mit Schafen, Bären und Elchen und schlagen ihren Golfball über Bäche und Bäume. Der Vorteil: keine Clubbeiträge oder teure Greenfees *(Infos unter www.pasturegolf.com)*. Beliebte Plätze für Extremgolfer sind *Valley of the Eagles Golf Links & Driving Range (1,5 Mile Haines Highway, in Haines)* und *Greenway's Greens (Watson Lake am Alaska-Canada Highway in Yukon, www.pasturegolf.com/watson.htm)*. Eisgolfer treffen sich jedes Jahr im März. Dann müssen beim *The Bering Sea Ice Golf Classic* orangefarbene Bälle in die „Löcher" – ins Eis gesenkte Kaffeedosen – befördert werden. Alle Infos zum Wettbewerb auf der gefrorenen Beringsee gibt's bei den Organisatoren des *Bering Sea Lions Club* in Nome und unter *www.nomealaska.org*.

ALASKA ROCKT

Hauptsache alternativ

Mit ihrer Mischung aus Indie-Folk-Rock und nordischen Klangspielen legte die Newcomerband *Port O'Brien* einen Traumstart hin und macht inzwischen auch international von sich reden *(www.myspace.com/portobrien)*. Davon können die fünf Jungs von *Strept* aus Wasilla erstmal noch träumen. Ihre Mischung aus Rock mit afrikanischen Rhythmen gilt als Underground *(www.myspace.com/streptmusic,* Foto*)*. Singer-Songwriter Jared Wood begeistert mit melodischem Poprock und singt unter anderem auch als Frontman der Band *Woodrow (www.jaredwoods.com)*. Konzerte lokaler Bands gibt's in *The Players House of Rock (3300 Spenard Rd., Anchorage, www.myspace.com/playershouseofrock)* und *The Yukon Bar (Ecke 4th Ave. und Washington St., Seward, www.myspace.com/theyukonbar)*.

ICE RIDER

Mountainbiken bei Eis und Schnee

Mit dem Eis-Bike Alaska erfahren – kein Problem, denn mit speziellen Spike-Reifen kämpfen sich Extremsportler durch das Gelände und loten bei Minusgraden ihre Grenzen aus. Ice Biker treten auch in Rennen gegeneinander an. So kämpfen sich die Teilnehmer des *Susitna 100* auf 160 km durch verschneite Wälder und über gefrorene Seen und Flüsse *(www.susitna100.com)*. Das Top-Event: *Alaska Ultra Sport* organisiert jedes Jahr das *Iditarod Trail Invitational (www.alaskaultrasport.com,* Foto*)*. Das Extremrennen basiert auf dem berühmten Iditarod-Hundeschlittenrennen und führt auf 350 oder 1100 Meilen über das gefrorene Alaska. *Arctic Cycles* in Anchorage organisieren Trips und verleihen Bikes mit Spezialreifen. Tipp: Es gibt sogar Tandemräder *(www.arcticcycles.com)*.

BIERNACHHILFE

Microbreweries

Kleine Brauereien setzen auf ausgefallene Biersorten mit ungewöhnlichen Zutaten. Verkaufsschlager des *Glacier Brewhouse* ist das Pumpkin Ale mit Kürbisnote, Muskat und Zimt *(737 W. 5th Av., Suite 110, Anchorage, www.glacierbrewhouse.com)*. Bei der *Midnight Sun Brewing Company* tragen Biersorten die Namen von Planeten oder einer der sieben Todsünden, z. B. wird „Faulheit" mit Noten von Vanille, Kokosnuss und Whiskey angereichert *(7329 Arctic Bd., Anchorage, www.midnightsunbrewing.com)*. Spezialität der *Skagway Brewing Co.* ist das Spruce Tip Ale mit Spitzen der Blautanne und Sitkatanne *(Ecke 7th St./Broadway, Skagway, www.skagwaybrewing.com)*. Die *Kodiak Island Brewing Company* setzt auf Koriander und Orangenschalen *(338 Shelikof Av., Kodiak, www.kodiakbrewery.com,* Foto*)*. Im Silver Gulch, dem nördlichsten Pub der USA, trinkt man Sourdough Oatmeal Stout, das mit Kaffee und Schokolade verfeinert wird *(2195 Old Steese Hwy., Fox, www.silvergulch.com)*.

SONO KOMMT

Das neue In-Viertel

Anchorage wandelt sich von der rauen Stadt in der Wildnis zu einer amerikanischen Metropole. Vor allem SoNo (South of Nordstrom) entwickelt sich zum neuen In-Viertel der Stadt: Immer mehr trendbewusste Läden eröffnen hier und ziehen stilsichere Szenegänger an *(www.sonodistrict.com)*. *About Face* versorgt die hippe Kundschaft mit Beautyprodukten, luxuriöser Wäsche und bequemer Loungewear *(720 D St., Suite B, www.aboutfaceak.com,* Foto*)*. In der *Blush Boutique* findet frau neben Accessoires und Wohndeko sicher ein passendes Outfit für den Abend *(720 D St., Suite C, www.boutiqueblush.com)*. *Chez Ritz* setzt auf die schicke Mischung aus Friseursalon und Spa *(333 W. 7th Av., Suite 200, www.chezritz.com)*.

GEOCACHING

Elektronische Schnitzeljagd

Eine Hightech-Schatzsuche per GPS: Die Koordinaten des Schatzes werden online gepostet, und die Geocacher machen sich dann per GPS auf die Suche nach dem Versteck. Das offizielle Maskottchen „Seymour of Anchorage" leitet die Schnitzeljagd, bei der der Weg viel wichtiger als das Ziel ist. Infos unter *www.geocachealaska.org* und *www.anchorage.net/Geo*

ART-IG

Helden der Kunstszene

Mit zahlreichen Initiativen fördert Alaskas Kunstszene lokale Projekte und Talente. So auch das *VSA arts of Alaska Out North*, kurz *ON*. Die progressive Multi-Kunst-Initiative steht für eine moderne Mischung aus visueller, literarischer und darstellender Kunst *(3800 Debarr Rd., Anchorage, www.outnorth.org)*. Auch dieGalerie *Firefly Art Co-op* unterstützt und präsentiert lokale Kreative wie Emily Roe *(www.emilyroeart.com)* in ihren Studios und Ausstellungsräumen *(419 L St., Anchorage, www.fireflyartco-op.com)*. Zu den Höhepunkten zählt der *First Friday Art Walk*: Jeden ersten Freitag im Monat sind die Galerien in Anchorage und Fairbanks länger geöffnet, um lokale Talente zu fördern. Die genaue Liste der teilnehmenden Galerien steht einen Tag vorher in *The Anchorage Press (www.anchoragepress.com)*.

VON BÄREN, GOLD UND EIS

Buschpiloten sind die Taxifahrer Alaskas – Wissenswertes und Nützliches zum Verständnis des Landes

BÄREN

Eisbären werden Sie in Alaska kaum zu Gesicht bekommen: Die weißen Riesen leben ausschließlich in der Packeiszone der Polarmeerküste. Schon eher können Sie Bekanntschaft mit einem der kleineren, bis zu 90 kg schweren Schwarzbären machen, die vor allem im Süden und Südosten Alaskas verbreitet sind. Die wahren Könige der Wildnis aber sind die Grizzlys, die fast überall vorkommen. Im Binnenland, wo sie von Wurzeln, Beeren und kleineren Tieren leben, werden sie 200–300 kg schwer. Entlang der Küste und auf Kodiak Island, wo sie sich mit fetten Lachsen satt fressen können, bringen die zotteligen Giganten – hier als Braun- bzw. Kodiakbären bezeichnet – bis zu 800 kg auf die Waage. An manchen Bächen, etwa im Katmai National Park, sammeln sich zur Zeit

Bild: Grizzlybärin mit Jungen

STICH WORTE

der Lachszüge Dutzende dieser Ungetüme. Noch eines: Vorsicht ist im Bärenland immer geboten! Nehmen Sie keine Lebensmittel mit ins Zelt, und machen Sie beim Wandern etwas Krach – ein überraschter Bär kann sehr ungemütlich werden!

BUSCHPILOTEN

Mit einem Straßennetz von insgesamt nur 22 000 km ist der weitaus größte Teil Alaskas das Reich der Airtaxis und Buschpiloten. Die meisten kleinen Orte, die Seen und Naturschutzgebiete im Hinterland sind nur per Wasserflugzeug zu erreichen. Gut 8000 Flugzeuge sind in Alaska zugelassen – eins pro 80 Ew. Und es gibt mehr als 500 offizielle Flugplätze – die Seen und Kiesbänke in der Wildnis erst gar nicht gerechnet. Seit 1924 das erste Flugzeug von Fairbanks zum Goldcamp McGrath flog, sind die Buschpiloten untrennbar mit der Pioniergeschichte Alaskas verbunden.

Buschfliegen ist bis heute nicht ungefährlich: Sie sollten sich auf jeden Fall vor dem Abflug die Notausrüstung und den Notsender zeigen lassen, die in jedem Flugzeug mitgeführt werden müssen.

Insider Tipp

kas und der Aleutenkette schiebt sich die pazifische Platte unter die nordamerikanische. Die entstehenden Spannungen und Risse lassen die Region nicht zur Ruhe kommen. Allein in historischer Zeit sind rund 40 Vulkane Alaskas ausgebrochen. Die schwerste Eruption gab es 1912 im heutigen Katmai National Park, aber

Menschenfeindliche Region: Viele Vulkane auf den Aleuten sind noch aktiv

ERDBEBEN UND VULKANE

Alaska gehört zum „Feuerring um den Pazifik", zu jener tektonisch unruhigen Region, die mit Erdbeben und Vulkanausbrüchen immer wieder für Schlagzeilen sorgt. Schuld daran ist die Kontinentalverschiebung: Tief unter der Südküste Alas-

auch in jüngster Zeit waren Ausbrüche zu vermelden: der Mt. Augustine im Cook Inlet raucht sogar ständig. Ähnlich verhält es sich mit den Erdbeben: Das Karfreitagsbeben von 1964 war mit 8,6 auf der Richterskala sogar das heftigste je gemessene Beben Nordamerikas, das 7,9-Beben im November 2002 stand ihm nur wenig nach. Doch die meisten Erdbeben richten kaum Schäden an, da sie weit draußen bei den menschenleeren Aleuten passieren.

ESKIMOS UND INDIANER

Von den rund 650000 Bewohnern Alaskas sind heute gut 100000 Nachfahren der einstigen Herren des Landes: Im Südosten leben Tlingit-, Haida- und Tsimshian-Indianer, im Binnenland und im kanadischen Yukon Territory sind es indianische Dene-Stämme, und entlang der Küsten des Polarmeeres und der Beringsee sind es Eskimos. Außerdem gibt es noch eine dritte, oft vergessene Volksgruppe der Ureinwohner: die Aleuten, die bis heute auf den Pribilof Islands und in einigen kleinen Orten der Aleutenkette leben.

Während die weißen Alaskaner zumeist in den Städten wohnen, sind die *natives* nach wie vor im weiten Hinterland zu Hause. Sie sind nicht arm, denn ihre „Native Corporations" – Wirtschaftsunternehmen, die die Gelder aus ihrer 1971 unterzeichneten Abtretung Alaskas an die USA investieren – machen teils gute Profite. Dennoch existiert längst keine heile Welt mehr in den Dörfern: Alkohol und Langeweile sind die größten Probleme. Das Leben der Jäger von einst hat seinen Sinn verloren, die Kultur der Weißen kann die alte Lebensweise nicht ersetzen.

GOLD

Kein anderer Rohstoff hat die Geschichte Alaskas so bestimmt wie das Gold, kein anderer hat mehr Menschen angelockt, mehr Träume ausgelöst – und mehr Tragödien. Schon 1848 hatten die Russen auf der Kenai-Halbinsel erste Spuren des gelben Metalls entdeckt. Erst 1880 kam es in Juneau zum ersten echten Goldfund, und wenig später auch in der Fortymile-Region. Dann löste 1896 die Entdeckung der Goldlager am Klondike den größten Goldrausch aller Zeiten aus, und ca. 100000 hoffnungsvolle Goldsucher machten sich auf den mühsamen Weg über den Chilkoot Pass. Gold im Wert von 100 Mio. Dollar wurde damals in nur drei Boomjahren gefördert. Weitere große Goldfunde in Nome (1899) und Fairbanks (1902) folgten. Auch heute noch wird geschürft, vor allem im Raum um Fairbanks: 2007 waren es gut 70000 Unzen Gold im Wert von immerhin knapp 50 Mio. Dollar.

LACHSE

Der Traum jedes Anglers ist es, einmal in Alaska auf Lachsfang zu gehen. Kein Problem, Fische gibt es genug – allein in die Bristol Bay etwa kommen in einem guten Jahr 40 Mio. Sockeye-Lachse zum Laichen. Fünf Arten der begehrten Fische findet man in Alaska: die kleinen Chum und Pink Salmons, den Sockeye-Lachs, auch Red Salmon genannt, den Silberlachs und die berühmteste und größte Spezies, den Königslachs. Über 40 kg kann ein King Salmon wiegen. Ihrem uralten Lebenszyklus folgend, kehren alle pazifischen Lachsarten nach einigen Jahren im offenen Ozean wieder in die Flüsse zurück. Wie auf ein geheimes Signal hin schwimmen sie in großen *salmon*

Wappen und Stammeschronik: Totempfahl

runs zu Tausenden gemeinsam stromaufwärts in die Bäche, in denen sie geboren wurden. Dort laichen sie und sterben. Am Geschmack des Wassers erkennen die Fische exakt, in welchen Bach sie zurückkehren müssen.

ÖLPIPELINE

Das Jahrhundertbauwerk Alaskas: Fast 1300 km zieht sich das schimmernde Band der Alyeska Pipeline – so heißt sie offiziell – quer durch Alaska von der Prudhoe Bay am Polarmeer bis zum Tankerhafen Valdez am Golf von Alaska. Gut die Hälfte der Strecke liegt sie erhöht auf Stelzen, um den Dauerfrostboden nicht aufzutauen. 78 000 Stelzen sind es insgesamt. Bauzeit für das 9 Mia. Dollar teure Rohr: zwei Jahre. Am 20. Juni 1977 floss das erste Öl – mittlerweile sind es über 14 Mia. Barrel geworden, die Alaska Wohlstand verschafft haben. Aber auch Probleme: Im März 1989 lief der Tanker „Exxon Valdez" auf ein Riff im Prince William Sound. 42 Mio. Liter Rohöl verseuchten die Küsten Südalaskas bis nach Kodiak Island.

ROHSTOFFE UND WIRTSCHAFT

Verarbeitende Industrien und damit eine gesunde Wirtschaftsgrundlage gibt es in Alaska bis heute nicht. Seit der Kolonisierung durch die Russen um die Mitte des 18. Jhs. ist die Ausbeutung der natürlichen Reichtümer Tradition in Alaska. Pelze und Gold waren die früher ausgebeuteten Schätze, heute steht das Öl an erster Stelle der genutzten Rohstoffe – und bringt dem Staat das meiste Geld. So viel Geld, dass Alaska keine Einkommensteuer erhebt und jedem seiner Bürger sogar einen jährlichen Scheck schicken kann aus den Zinsen des Ölgeldes. Mindestens 6 Mia. Barrel Öl liegen noch unter der Tundra des North Slope – ihr Abbau ist aber aus Gründen des Naturschutzes sehr umstritten. Weitere wichtige Wirtschaftszweige sind Tourismus, Holzfällerei (vor allem in Südost-Alaska) und Fischerei (im Golf von Alaska und in der Beringsee).

TOTEMPFÄHLE

Die Indianerstämme der Tlingit und Haida in Südost-Alaska waren die Schnitzkünstler des Landes – und die überreiche Natur jener Region gab ihnen genug Muße, sich ihrer Kunst zu widmen. Aus dem weichen Holz der *cedars,* einer Thuja-Art, schnitzten sie üppig verzierte Masken, Kisten und Kanus. Doch die spektakulärsten Symbole der Northwest-Kultur waren die Totempfähle: Mit Pflanzenfarben grellbunt bemalt, dienten sie als Prestigeobjekte und Familienwappen, als hölzerne Mythenerzähler und Chroniken der Clangeschichte. Das Aufstellen eines Pfahls war Anlass für ein *potlatch,* ein großes Fest, bei dem tagelang getanzt und gegessen wurde.

Die Blütezeit der indianischen Schnitzkunst begann um 1840, nachdem die Indianer von den Weißen Metallwerkzeuge erhalten hatten. Doch die Missionare sahen in den Pfählen Götzenbilder und verboten sie. Erst neuerdings wurde die alte Kunst wieder belebt: Werkstätten und Schnitzschulen stehen heute in Sitka, Haines und Ketchikan – Zeichen neu erwachten Stolzes in der Urbevölkerung.

WILDNISLODGES

Eine der schönsten Möglichkeiten, die Natur Alaskas zu erleben, ist ein Aufenthalt in einer der über den ganzen Staat verstreuten Wilderness Lodges für maximal 10 bis 20 Gäste. Meist sind es idyllisch gelegene Blockhütten an einem Fjord oder einem See im Hinterland, die nur per Wasserflugzeug oder mit dem Boot zu erreichen sind. Die Einrichtung reicht von rustikal bis luxuriös, die Preise von 100 $ pro Tag bis 500 $ und mehr. Kajakfahrten, Angeln, Tierbeobachtung und Wildniswanderungen stehen auf dem Programm. Meist wird recht gut und deftig gekocht – Lachs, Krebse, Steaks und manchmal auch Elchstew. Auf jeden Fall aber sollten Sie – ähnlich wie auch bei geführten längeren Wildnistouren – Ihren Aufenthalt lange im Voraus reservieren.

FESTE IM SOMMER UND IM WINTER

Bei Pionierfestivals und Schlittenrennen können Sie die alaskische Lebensart kennenlernen

> Selbst im eisigen Winter zieht es die Alaskaner zu Hundeschlittenrennen und Karnevals ins Freie. Die Hauptzeit für Feste aber ist der Sommer. Dann trifft man sich zum Wettfischen auf Lachse oder Heilbutt, zu Kanurennen und Countrykonzerten. Beliebt sind auch Paraden, vor allem zum Nationalfeiertag (4. Juli). Und anschließend fließt immer reichlich Bier. Sehenswert sind auch die *State Fairs* mit Oldtimertreffs, indianischen Tänzen und Livemusik.

FEIERTAGE

An diesen Tagen sind Banken, Postämter und Museen geschlossen:
1. Jan. *Neujahr;* **3. Mo im Jan.** *Martin Luther King Jr. Day;* **3. Mo im Feb.** *Presidents' Day;* **3. Mo im März** *Seward's Day* (Vertragsunterzeichnung des Landkaufs von Russland); **Letzter Mo im Mai** *Memorial Day* (Heldengedenktag); **4. Juli** *Independence Day;* **3. Mo im Aug.** *Discovery Day* (im Yukon Territory); **1. Mo im Sept.** *Labor Day;* **18. Okt.** *Alaska Day;* **11. Nov.** *Veterans Day;* **4. Do im Nov.** *Thanksgiving Day;* **25. Dez.** *X-Mas/Christmas Day*

FESTE UND FESTIVALS

Februar

Anchorage lädt zum *Fur Rendezvous:* Winterkarneval, Pelzauktion, Hundeschlitten- und Skirennen, Wettbewerbe im Schnitzen von Eisskulpturen.
Yukon Sourdough Rendezvous: Winterfest der Goldgräber in Whitehorse anlässlich des 1500 km langen Schlittenhunderennens *Yukon Quest.*

März

Anchorage: Anfang des Monats Start des berühmten *Iditarod Trail Sled Dog Race.* 1049 Meilen und 14 Tage später kommen die Schlittenhunde und -fahrer in Nome an.

Mai

Copper River Delta Shorebird Festival: Insider Tipp
Anfang des Monats im Delta des Copper River. Der ultimative Treff für Ornithologen und Millionen Zugvögel.

> EVENTS FESTE & MEHR

Juni

Am Wochenende um den 21. Juni, zur Sonnenwende, lädt Nome zum *Midnight Sun Festival* und Anchorage zum *Midnight Sun Marathon.*

Juli

Die Nationalfeiertage *Canada Day* (1. Juli) und *Independence Day* (4. Juli) sind allerorten Anlass für Picknicks und Paraden, Feuerwerke und Straßenfeste. Vor allem in Grenzorten geraten die Feiern zur viertägigen Dauerparty.
Dawson City: am 1. Juli *Meisterschaften im Goldwaschen.*
Seward: am 4. Juli traditionelles *Mt. Marathon Race,* ein schwieriges Wettrennen auf den 920 m hohen Hausberg.
Insider Tipp Talkeetna: am 2. Wochenende *Moose Dropping Festival,* ein skurriles Pionierfest mit Kostümparade, Jahrmarkt und Wettbewerben u.a. im Dungwerfen („Droppings" sind, was beim Elch hinten rauskommt).
Fairbanks: Bei den *Golden Days* Mitte des Monats gedenkt die Stadt ihrer Goldgräberzeit mit einer großen Parade, Countrymusik und Kostümfesten.
Zur selben Zeit treffen sich hier die besten Sportler der Ureinwohner zu den ★ *World Eskimo-Indian Olympics.*

August

Salmon Derbies (Wettfischen) in Valdez, Seward, Cordova, Anchorage, Juneau.
Valdez: *Gold Rush Days.* Ein buntes Pionierfest Anfang des Monats.
Dawson City: *Discovery Days.* Um den 17. Aug. feiert die Stadt den ersten Goldfund im Yukon Territory mit Kostümparade und Bootsrennen.
Palmer: In der ersten Monatshälfte *Alaska State Fair,* eine Landwirtschaftsausstellung mit Musik, Jahrmarkt und Prämiierung der größten Kohlköpfe.

September

Am ersten Wochenende flitzen beim *Klondike International Outhouse Race* witzig dekorierte Klohäuschen durch Dawson City, gezogen von kostümierten Goldgräbern. Insider Tipp

> MUKTUK UND RENTIERSTEAKS

In den Coffeeshops regiert die amerikanische Küche, doch es gibt auch echte Alaska-Spezialitäten

> Große kulinarische Ereignisse darf man – außer in Bezug auf den hervorragenden Lachs – in Alaska nicht erwarten. Es wird handfest amerikanisch gekocht, und die Portionen sind üppig. Auch in den kleinen Restaurants der Roadhouses am Highway oder in den Lodges werden ausgezeichnete Steaks gebrutzelt und deftige Eintöpfe gerührt: gerade richtig für den bedürftigen Wanderermagen!

Unbedingt probieren müssen Sie natürlich den Fisch: Frischer Lachs und Heilbutt aus alaskischen Gewässern stehen fast überall auf der Speisekarte. Passen Sie nur auf, dass der Fisch nicht in Einheitspanade frittiert wird *(deep fried)*, sondern *grilled, baked, sauteed* (gedünstet) oder *broiled* (gebraten) auf den Tisch kommt. Königs- und Silberlachs sind die besten Salmarten. Besonders gut: Silberlachs aus dem Copper River. Auch Muscheln und Krebse werden in Küstenorten oft serviert, dazu gibt

Bild: Cape Fox Lodge, Ketchikan

ESSEN & TRINKEN

es ein bissfestes, feinwürziges Sauerteigbrot.

Während das Meer die Küche Alaskas vielfach bereichert, sind die Produkte des Landes spärlicher gesät: Hier und dort serviert ein Roadhouse Blaubeerkuchen, eine Lodge tischt Marmelade aus Tundrabeeren auf, oder es werden gedünstete Fiddlehead-Farne als Beilage gereicht. Mehr hat das karge Land kaum zu bieten.

Die Preise in den Restaurants liegen relativ hoch, da besonders im Hinterland alles über lange Strecken transportiert oder sogar eingeflogen werden muss. Als Selbstversorger auf einer Campingtour sollten Sie sich daher schon zu Anfang in den gut bestückten Supermärkten von Anchorage mit allem Nötigen eindecken. In den kleinen Läden im Hinterland beschränkt sich die Auswahl meist auf tiefgefrorenes Hamburgerfleisch und Dosengemüse. Für längere Wildniswanderungen sind gefriergetrocknete Speisen am besten, wie sie in allen größeren Sportläden Alaskas erhältlich sind.

Man möchte erwarten, in einem so wildreichen Land wie Alaska auch Wildente oder Karibusteak auf der Speisekarte zu finden. Weit gefehlt! Wildbret darf ohne amtstierärztliche Genehmigung nicht verkauft werden, und nur wenige Restaurants bekommen eine solche. Die Alaskaner und Kanadier jagen nur für den Eigenverbrauch, und höchstens bei einer Privateinladung kommt man mal in den

> SPEZIALITÄTEN

Genießen Sie die typisch alaskische Küche!

Arctic char – Saiblingsart aus den nordischen Seen

buffalo burger – Hamburger aus sehr magerem Bisonfleisch

chicken/buffalo wings – kross gebratene, meist scharf gewürzte Hähnchenflügel (als Vorspeise)

clam/seafood chowder – sämige Muschel-/Fischsuppe

coleslaw – Kohlsalat

Dungeness crab – 2–3 Pfund schwere Krebsart aus Süd-Alaska

eggs over easy with hash browns – Spiegeleier, einmal gewendet, mit fein geraspelten Bratkartoffeln

Eskimo ice cream – Eiscreme aus Tundrabeeren und Seehundfett

filet mignon with baked potatoe – Filetsteak mit Folienkartoffel

fireweed honey – Zuckersirup mit den Blüten des Weidenröschens

French toast – Brotscheiben in Eihülle (arme Ritter)

halibut burger – Fischburger mit Heilbutt

Indian bread – traditionell in der Pfanne gebackenes Sauerteigbrot

king crab legs – kalt und warm ein Leckerbissen: halbmeterlange Beine der Königskrabben

moose stew – Eintopf mit meist etwas zähem Elchfleisch

muktuk – eine Eskimospezialität: klein geschnittene Walschwarte, wird roh gegessen

salmon bake – Grillparty mit Lachssteaks vom Holzkohlengrill (Foto)

salmon stuffed with crab meat – Lachs, gefüllt mit Krebsfleisch

scallops – Jakobsmuscheln

sirloin steak with corn on the cob and mashed potatoes – Lendensteak mit gebuttertem Maiskolben und Kartoffelpüree

sourdough hotcakes – Pfannkuchen aus dem in Alaska sehr beliebten Sauerteig

Steelhead trout – große Forellenart

Yukon Jack – süßer, sehr potenter Whiskylikör

Genuss von Wildgerichten. Doch die Jagdsaison ist im Herbst – und bis im nächsten Frühjahr die Besucher anreisen, sind die Elchsteaks schon längst in die Pfanne gewandert.

Rentiersteaks oder auch -wurst kommen schon häufiger auf den Tisch, denn die Eskimos bei Nome züchten die gegen Ende des 19. Jhs. aus Lappland eingeführten Tiere. Mittlerweile gibt es einige Metzgereien in und um Anchorage, die daraus würziges Dörrfleisch oder Wurst herstellen. Doch alles, was die Wildnis sonst liefert, müssen Sie sich schon selbst holen: leckere Forellen etwa oder süße Heidelbeeren und aromatische Pilze. Aber Vorsicht: Essen Sie nur das, was Sie kennen!

Zum Frühstück geht man in den Coffeeshop, der zum Hotel oder zur Lodge gehört. Auf der Karte steht allerorten in Alaska das deftige amerikanische Frühstück mit Eiern und Schinken, das oft den ganzen Tag vorhält. Wenn Sie nur wenig Hunger haben, sollten Sie sich ein *continental breakfast* bestellen: Kaffee, Orangensaft und Toast oder Gebäck.

Zum Lunch essen die Amerikaner nur kleinere Gerichte, z. B. *soup and salad,* ein Sandwich oder einen meist gar nicht schlechten, hausgemachten Hamburger. Das Abendessen *(dinner)* wird in ländlichen Regionen oft schon zwischen 18 und 19 Uhr serviert.

Die auf der Speisekarte des Restaurants angeführten Preise enthalten kein Bedienungsgeld *(tip)*. Man lässt etwa 15 Prozent vom Rechnungsbetrag auf dem Tisch liegen. Restaurants öffnen gegen 11 Uhr und schließen abends oft schon um 21 Uhr. Die Lodges am Highway sind jedoch meist von 6 bis 23 Uhr offen.

Räucherlachs aus Alaska – bei uns eine Delikatesse, dort ein Grundnahrungsmittel

Alaska ist Bierland. Allerdings sind die meist eiskalt servierten amerikanischen Massenbiere wie Bud oder Coors eher dünn. Es gibt aber auch bessere Biere aus regionalen Brauereien wie etwa Alaskan Amber und die süffigeren kanadischen Biere wie z. B. Molson Canadian oder Labatt's Blue. Wein (meist recht gute Tropfen aus Kalifornien) bekommen Sie nur in besseren Restaurants. Wer hochprozentigere Getränke möchte, kann auf amerikanischen Bourbon oder kanadischen Whisky zurückgreifen, der entweder auf Eis *(on the rocks)* oder, wie auch Rum oder Gin, in Mixgetränken serviert wird.

ULUS UND MUKLUKS

Das Leben ist teuer im Norden, aber einige gute Mitbringsel sind ihren Preis wert

> Nur in Anchorage, Fairbanks und wenigen anderen größeren Orten gibt es die typisch amerikanischen Shoppingmalls und Supermärkte. Aber selbst dort liegen die Preise wegen der hohen Transportkosten um bis zu ein Viertel über denen in den Staaten im Süden. Im Hinterland, vor allem in Orten, die nur per Flugzeug zu erreichen sind, kosten frische Lebensmittel teilweise noch um 200 bis 300 Prozent mehr als in den Städten. Ausrüstung und allen Grundbedarf für eine Tour kaufen Sie also besser schon am Anfang einer Reise in Anchorage oder weiter im Süden.

AUTHENTISCHE MITBRINGSEL

Es gibt eine ganze Reihe schöner Souvenirs, die tatsächlich aus Alaska stammen: Wie wäre es etwa mit einem *ulu,* dem traditionellen Messer der Eskimos, mit dem Sie zu Hause hervorragend Gemüse oder Fleisch schneiden können. Ebenfalls aus der Arktis stammen wärmende Parkas mit bunten Stickereien und *mukluks,* die dicken Pelzstiefel der Eskimos. Man wird sie daheim wohl nie brauchen, aber sie können sich auch als Dekoration recht gut machen. Angeboten werden auch allerhand Strickwaren aus *qiviut*, der Wolle der Moschusochsen. Es heißt, diese Wolle sei um ein Vielfaches feiner und wärmer als Schafwolle. Die Eskimos sammeln das *qiviut* im Frühjahr in der Tundra ein, wenn die Moschusochsen ihr Winterkleid verlieren, und häkeln daraus Schals und Mützen mit schönen Ornamenten.

Goldschmuck aus Nuggets wird im Yukon Territory und in ganz Alaska angeboten. Wirklich authentisch ist er vor allem in den Goldregionen um Dawson City und Fairbanks. Auch die Landesprodukte eigenen sich gut als Mitbringsel: Fireweed-Honig etwa, Räucherlachs oder Marmelade aus alaskischen Beeren. Hübsche Andenken sind – mit ein paar Englischkenntnissen – auch die zahlreich angebotenen Kochbücher mit Rezepten aus den Küchen von Bush-Lodges oder Pionierhütten.

> EINKAUFEN

In den Kunstgalerien lockt ein breites Angebot von Gemälden, Schmuck und Skulpturen mit alaskischen Motiven – viel Kitsch ist darunter, aber auch interessante Werke junger Künstler und renommierter Kunstschaffender wie Rie Muñoz oder Barbara Lavellee. Vor allem in den alten Fischerorten im Panhandle Alaskas und in Städtchen wie Homer siedeln heute junge Künstler, die Schmuck und Kunsthandwerkliches aus Stein oder Holz fertigen.

KUNST DER UREINWOHNER

Besonders typisch – und leider auch teuer – ist die Kunst der Ureinwohner: Die Dene-Indianer fertigen in alter Tradition Mokassins aus Elchleder, mit Stachelschweinborsten verzierte Körbe und perlenbestickte Jacken. Die Tlingit in Südost-Alaska, einst berühmt für ihre Totempfähle, schnitzen heute kleinere Objekte und übertragen die stilisierten Tiersymbole ihrer Kunsttradition auf Silberschmuck, Zeichnungen und Kunstdrucke. Schöne Stücke finden Sie hier oft in den Läden der Museen und in Schnitzschulen wie etwa in Haines. Die Eskimos schließlich sind berühmt für ihre Skulpturen aus Speckstein und Jade, die auch in renommierten Galerien der Städte zu erwerben sind (Preise ab ca. 300 $).

VORSICHT, KITSCH!

Plüschbären, T-Shirts und Plastik-Totempfähle „Made in China" finden Sie reichlich in den einschlägigen Shops in Anchorage und in den Kreuzfahrthäfen im Süden Alaskas. Oft ist gerade in kleineren Orten die ganze Hauptstraße dicht an dicht gesäumt von Schmuck- und T-Shirt-Läden, die manchmal sogar den Kreuzfahrtlinien selbst gehören. Die meisten dieser Läden verkaufen dieselben Waren – teils zu kräftig überhöhten Preisen. Zudem sind darunter oft auch Geschenkartikel wie etwa „Tanzanite-Jewellery" (Schmuck aus Tansanit), die mit Alaska so viel gemein haben wie japanische Kimonos mit Sachsen.

> POSTKARTENBLICKE AM LAUFENDEN BAND

Der Süden ist die am besten erschlossene Region Alaskas – und die spektakulärste

> Schneebedeckte Berge und Gletscher, Seen und Wälder, Bären, Adler und Elche – der Süden bietet alles, was man von Alaska erwartet und erträumt hat. Keine andere Region des riesigen Landes vereint die landschaftliche Vielfalt und die Tierwelt Alaskas so eindrucksvoll – und dies auf überschaubarem Raum und gut zugänglich.

Zugänglich auch, weil hier am Cook Inlet die größte Stadt Alaskas liegt: Anchorage, eine moderne Metropole mit internationalem Flughafen und guten Outdoorläden fürs Shopping vor einer Reise. Das ideale Sprungbrett für Touren in die Wildnis ringsum also. Hinzu kommt, dass in Süd-Alaska auch das Klima recht menschenfreundlich ist, vom nahen Meer gemildert und mit vielen sonnigen Tagen im Sommer.

Gleich südlich von Anchorage beginnt jenseits des Turnagain Arm die *Kenai Peninsula,* eine gebirgige, gut

Bild: Anchorage

SÜD-ALASKA

200 km lange Halbinsel mit tief eingeschnittenen Fjorden entlang der Südküste, herrlichen Seen im Binnenland und zahllosen Lachsbächen. 80 Prozent der Halbinsel stehen heute unter Naturschutz, doch man findet auch kleine Fischerhäfen, die oft noch auf die russische Zeit zurückgehen.

Östlich der Halbinsel liegt die Fjord- und Inselwelt des berühmten *Prince William Sound,* in den die Gletscher der Chugach Mountains münden. Die Winterstürme des Pazifiks sorgen für kräftigen Schneenachschub, sodass diese Bergkette die am stärksten vergletscherte Region Alaskas ist. Regelmäßig werden am *Thompson Pass* bei Valdez die Schneerekorde Alaskas aufgestellt: Bis zu 30 m wurden schon gemessen, und allein an einem Tag im Dezember 1955 fielen 1,6 m Neuschnee – absolute Spitze!

Süd-Alaska ist heute die am besten erschlossene Region des Bundesstaates. Zwei geteerte Highways führen über die Kenai-Halbinsel, einer quer durch das Binnenland und ein *Swanson River* etwa oder einen Ausflug in die erhabene Bergwelt des *Wrangell-St. Elias National Park,* des größten Naturschutzgebietes in Nordamerika.

In Anchorage legt man Wert auf gute Nachbarschaft: Familie Elch auf Stippvisite im Garten

weiterer nach *Valdez* an der Südküste. Das war's auch schon – und ist für Alaska trotzdem viel. Die Region eignet sich also gut für eine Camping- oder Autoreise. Wenn Sie rechtzeitig einen Platz auf der Fähre zwischen Valdez und Whittier buchen, können Sie sogar eine Rundfahrt unternehmen. Die kleinen Orte am Wegesrand und die zahlreichen, oft herrlich gelegenen Campingplätze bieten dafür eine hervorragende Infrastruktur. Und Möglichkeiten, in die Wildnis auszubrechen, gibt es viele: eine Kanutour am

ANCHORAGE

KARTE IN DER HINTEREN UMSCHLAGKLAPPE

[110 B4] **Die Alaskaner sagen: „Von Anchorage aus kann man Alaska schon sehen." Was sie meinen, wird beim Anflug auf die einzige Metropole des 49. Bundesstaates deutlich: Der Blick fällt auf eine großflächig angelegte, typisch amerikanische Stadt mit breiten Straßen im Schachbrettmuster.** Rund 280 000 Menschen leben hier, fast die Hälfte aller Alaskaner. Doch gleich am Stadtrand beginnt grandiose Wildnis: Im Osten ragen die vergletscherten Chugach Mountains bis auf über 2000 m auf, davor begrenzen zwei schimmernde Meeresarme die breite Küstenebene, in der Anchorage liegt. Bei klarem Wetter sind im Norden die Eisgipfel der Alaska Range mit dem 6194 m hohen Mt. McKinley zu sehen.

Die wilde Natur ist nie weit in Anchorage, mit etwas Glück können Sie die Tierwelt Alaskas sogar schon in der Stadt erleben: Im *Ship Creek*, nur ein paar Straßen vom Zentrum entfernt, schwimmen im Sommer die Lachse aus dem Cook Inlet flussaufwärts, Weißkopfseeadler kreisen über dem Flüsschen, und in den Vororten passiert es öfter, dass ein Elch im Garten steht.

Insider Tipp

Anchorage ist kaum 90 Jahre alt. Die Stadt entstand erst 1915 als Arbeitercamp für den Bau der Alaska Railroad von Seward nach Fairbanks. Das Wachstum erfolgte in heftigen Schüben, wie es sich für eine Boomtown des Nordens gehört: während des Zweiten Weltkriegs durch die Errichtung großer Militärstützpunkte, später durch die Ölfunde in Alaska. Anchorage wurde allmählich zum Versorgungszentrum des Staates und zum Sitz der großen Ölfirmen.

Ältere Gebäude gibt es kaum noch in Anchorage. Grund dafür ist das große Karfreitagserdbeben von 1964, das mit einer Stärke von 8,6 auf der Richterskala die Stadt fast völlig zerstörte. Seither wurde sie modern und amerikanisch wieder aufgebaut: mit Büroklötzen und Tankstellen, großen Einkaufszentren und Fast-Food-Lokalen. Für Besucher ist die Stadt heute vor allem Startpunkt für Touren: Sie liegt im Schnittpunkt der wichtigen Highways, bietet die günstigsten Supermärkte und Ausrüstungsläden. Von hier starten die Jets zu den Orten im Hinterland, von hier aus befördern einen die Buschpiloten zu Seen und Lodges in der Einsamkeit.

SEHENSWERTES

Die kleine Innenstadt um die beiden Hauptgeschäftsstraßen 4th und 5th Avenue ist gut zu Fuß zu erkunden, und auch die Orientierung fällt nicht schwer: Von Nord nach Süd sind die Straßen nummeriert, von Ost nach

MARCO POLO HIGHLIGHTS

★ Fjordtouren
Eine Bootsfahrt wie in Norwegen – aber gewaltiger und ursprünglicher (Seite 44)

★ Prince William Sound
Gletscher, Fjorde, Seelöwen: Alaska wie aus dem Fotokalender (Seite 46)

★ Lake Hood
Der Flughafen der Buschpiloten: perfekt für eine Tour mit dem Wasserflugzeug (Seite 35)

★ Kenai River
Traumziel aller Angler: der berühmteste Lachsfluss Alaskas (Seite 42)

★ Salty Dawg Saloon
Mindestens ein Bier wert: die urigste Fischerkneipe der Region (Seite 41)

★ Alaska Native Heritage Center
Alaskische Kultur, sehr anschaulich präsentiert: ein Museumsdorf der Ureinwohner (Seite 34)

West mit Buchstaben bezeichnet. Bester Ausgangspunkt für einen Bummel ist die Ecke 4th Avenue/ F Street, an der in einer Blockhütte das *Informationszentrum* der Stadt untergebracht ist. Ringsum liegen kleine Shoppingmalls wie das hübsch renovierte *4th Avenue Theatre,* Souvenir- und Pelzläden und öffentliche Gebäude wie das postmoderne *Performing Arts Center* an der 5th Avenue

Insider Tipp

ALASKA AVIATION HERITAGE MUSEUM

Fotos und Filme dokumentieren die Geschichte der Fliegerei in Alaska. In großen Hangars am Südufer des Lake Hood sind rund 30 restaurierte Buschflugzeuge zu bewundern. *4721 Aircraft Dr. | im Sommer tgl. 9–17 Uhr | www.alaskaairmuseum.org | Eintritt 10 $*

ALASKA NATIVE HERITAGE CENTER ★

Ein Museumsdorf, das die fünf Kulturkreise der Eskimo-, Indianer- und Aleutenvölker in Alaska dokumentiert und als Non-Profit-Unternehmen von den Ureinwohnern selbst geleitet wird. Führungen durch junge Stammesangehörige. Wechselnde Ausstellungen, Filme, Tanzvorführungen. Museumsshop, Café, Restaurant. *8800 Heritage Center Dr. | im Sommer tgl. 9–17 Uhr | www.alaskanative.net | Eintritt 23,50 $*

ANCHORAGE MUSEUM OF HISTORY AND ART

Die großen Ausstellungen im Obergeschoss geben einen guten Überblick über die Geschichte Alaskas und die Kulturen der Ureinwohner. Die Völkerwanderung über die Bering-Straße wird ebenso erläutert wie die moderne Ölexploration. Im Erdgeschoss ist Kunst aus und über Alaska zu sehen. Guter Museumsladen. Bis 2010 großer Umbau und Erweiterung. *121 W. 7th Av. | Mo–Sa 9–18, So 12–17 Uhr, im Winter Mo geschl. | Eintritt 8 $*

So schön kann ein Flugplatz sein: Wasserflughafen auf dem Lake Hood

LAKE HOOD ★
Eine Sehenswürdigkeit der anderen Art: Der verzweigte See neben dem International Airport ist der größte Wasserflughafen der Welt. An Sommertagen starten und landen hier bis zu 800 Flugzeuge. Kaum zu fassen, was hier alles schwimmt und rollt! Vorsicht: Flugzeuge haben Vorfahrt!

Am Südufer des Sees reihen sich die Büros der Buschflieger und der Airtaxi-Gesellschaften aneinander, die Rundflüge über die Chugach Mountains anbieten. Die Kosten liegen zwischen ca. 150 und 300 $ für ein bis drei Stunden Flug mit dem Wasserflugzeug, z. B. bei *Rust's Flying Service* | *Tel. 243-15 95* | *www.flyrusts.com* oder mit dem *Sportsman's Air Service* | *Tel. 248-31 81* | *www.alaskasport.com*.

RESOLUTION PARK
Von der Holzplattform unter dem Denkmal von Captain Cook bietet sich ein herrlicher Blick über die nach ihm benannte Bucht, die der Engländer 1778 entdeckte. Im Sommer und Herbst werden hier öfter Wale gesichtet. *Westende der 3rd Av.*

ESSEN & TRINKEN

CLUB PARIS
Seit 1957 die besten Steaks Alaskas – und dazu potente Martinis. *417 W. 5th Av.* | *Tel. 277-63 32* | €€€

GWENNIE'S
Rustikales Lokal mit Pionierflair und kaum zu bewältigenden Portionen. Zum Frühstück gibt's Rentieromelette und Pancakes. *4333 Spenard Rd.* | *Tel. 243-20 90* | €–€€

HUMPY'S GREAT ALASKAN ALE HOUSE
Mehr als 40 Sorten Bier, dazu Fisch, Pasta und Salate. Beliebt zum Lunch oder als Treff für den Abend, wenn regelmäßig Bands spielen. *610 W. 6th Av.* | *Tel. 276-23 37* | €

MOOSE'S TOOTH ▶▶ Insider Tipp
Selbst gebrautes Bier, viel Stimmung und super Pizzas in Alaska-Größe. *3300 Old Seward Hwy.* | *Tel. 258-25 37* | €€

SACKS CAFÉ ▶▶
Beliebtes Szenecafé mit asiatisch-italienischen Kreationen auf der Speisekarte. *328 G St.* | *Tel. 276-35 46* | €€–€€€

SNOW CITY CAFÉ Insider Tipp
Legeres Szenelokal mit Gemälden von alaskischen Künstlern. Prima Frühstück *(salmon cakes)* ab 7 Uhr und Lunch bis 16 Uhr. Mittwochs- und sonntagsabends Livemusik. *1034 W. 4th Av.* | *Tel. 272-24 89* | €

EINKAUFEN

Souvenirs bekommen Sie in den Läden entlang der *4th Avenue*. Ausrüstung und Lebensmittel kaufen Sie am besten in den großen Einkaufszentren entlang des *Northern Lights Boulevard*. Dort liegen um die Kreuzung mit der Spenard Road auch mehrere Sportartikelläden mit einer großen Auswahl an Stiefeln, Schlafsäcken und Zelten.

DIMOND MALL

Riesiges Center mit 140 Läden und Kaufhäusern am Südrand der Stadt. *Old Seward Hwy./Dimond Bd.*

Insider Tipp OOMINGMAK CO-OP

Ein authentisches Geschenk aus der Arktis gefällig? Hier gibt es Pullover und Schals aus der wärmenden Wolle von Moschusochsen. *604 H St. | Tel. 272-92 25 | www.qiviut.com*

R. E. I. INC.

Großer Sportwarenladen für Hiker, Kajak- und Kanufahrer. Sehr gute Schlafsäcke, außerdem GPS-Geräte und topografische Karten. *1200 W. Northern Lights Bd. | Tel. 272-45 65 | www.rei.com*

6TH AVENUE OUTFITTERS

Wildnisausrüstung vom Zelt bis zu Thermostiefeln. *520 W. 6th Av. | Tel. 276-02 33*

TITLE WAVE BOOKS

Riesiger Buchladen mit einem angeschlossenen Internetcafé. *1360 W. Northern Lights Bd. | Tel. 278-92 83 | www.wavebooks.com*

ÜBERNACHTEN

CARIBOU INN

Einfache, saubere, zentral gelegene Frühstückspension. *7 Zi. | 501 L St. |*

> BÜCHER & FILME

Der Ruf der Wildnis – in Bild, Text und Ton

- **Into the Wild** – Nach Jon Krakauers Buch verfilmte Sean Penn 2007 das Schicksal eines jungen Mannes, der in der Wildnis Alaskas verschwindet. Nach zwei Jahren wird bei seiner Leiche ein Tagebuch entdeckt.
- **Der Ruf der Wildnis** – Der Nordlandklassiker: Die Geschichte von Buck, dem Schlittenhund, der am Klondike das Leben der Goldgräber teilt, war Jack Londons bestes Buch (1903).
- **Zwei alte Frauen** – Velma Wallis dokumentiert in ihrem Roman den Überlebenswillen von zwei Frauen, die von ihrem Stamm zurückgelassen werden (2005).
- **Mit dem Fahrrad durch Alaska** – 5000 km war der Fotograf Christian Hannig auf den Pisten des Nordens unterwegs. Heraus kam ein spannender Reisebericht von Menschen, Tieren und wildem Wetter (2007).
- **Goldrausch** – Schon 1925 verfilmte Charlie Chaplin den größten Goldrausch aller Zeiten in einem tragischkomischen Epos. Einer der besten Filme, die je gedreht wurden.
- **Ausgerechnet Alaska** – Die Fernsehserie der 1990er-Jahre erzählt vom Kleinstadtleben tief in Alaskas Hinterland. Herrlich komisch und gar nicht so unwahr (DVD, 2004).

Tel. 272-04 44 | *www.cariboubnb.com* | €

COPPER WHALE INN
Gepflegte Frühstückspension nahe der Innenstadt, die meisten der 14 Zimmer mit Blick aufs Meer. *440 L St.* | *Tel. 258-79 99* | *www.copperwhale.com* | €€

HISTORIC ANCHORAGE HOTEL
Elegantes Hotel mit historischem Flair. In bester Innenstadtlage. *26 Zi.* | *330 E St.* | *Tel. 272-45 53* | *www.historicanchoragehotel.com* | €€€

Insider Tipp LAKE HOOD INN
Angenehmes kleines Hotel am See der Wasserflugzeuge. Vom Balkon sehen Sie die Flieger starten. *4 Zi.* | *4702 Lake Spenard Dr.* | *Tel. 258-93 21* | *www.lakehoodinn.com* | €€

MILLENIUM ALASKAN HOTEL
Modernes Hotel nahe dem internationalen Flughafen. Im *Fancy Moose Restaurant* sitzt man schön auf der Terrasse mit Blick auf die Startbahn der bunten Wasserflugzeuge. *248 Zi.* | *4800 Spenard Rd.* | *Tel. 243-23 00* | *www.milleniumhotels.com/anchorage* | €€€

THE VOYAGER HOTEL
Komfortables Mittelklassehotel in Laufweite zur Innenstadt. *40 Zi.* | *501 K St.* | *Tel. 277-95 01* | *www.voyagerhotel.com* | €€

TOUREN

EURO-ALASKA TOURS
Ein- bis zweiwöchige Erlebnisreisen in Kleingruppen und Organisation individueller Touren. Die deutsche Besitzerin, eine Pilotin, kennt Süd- und Zentral-Alaska wie ihre Westentasche. *P. O. Box 220004* | *Anchorage, AK 99522* | *Tel. 274-15 96* | *www.euroalaska-tours.com*

Im Oomingmak-Shop gibt's alles aus Qiviut (sprich: „kiviuti") – Moschusochsenwolle

PHILLIPS CRUISES
Spektakuläre halbtägige Kreuzfahrt mit dem Doppelrumpfschiff „Klondike Express" zu insgesamt 26 Gletschern im Prince William Sound; inkl. Anreise per Bus oder Zug von Anchorage, alternativ mit Mietwagen auch Tourbeginn in Whittier.

Kosten ab 139 $. *519 W. 4th Av. | Tel. 276-80 23 | www.26glaciers.com*

AM ABEND

Wer das pralle Pioniernachtvergnügen will, der geht zur *Great Alaskan Bush Company (631 E International Airport Rd.),* um beim Bier strippenden Mädchen zuzuschauen. Weniger raubeinig geht es bei ▶▶ *Chilkoot Charlie's (2435 Spenard Rd.)* zu, einem Saloon mit zwei Tanzflächen. Guten Jazz und andere Livemusik gibt es in *The Alley (900 W. Fifth Av.)* zu hören, Drinks und nette Leute findet man in der Bar mit dem schönen Namen *Darwin's Theory (426 G St.).*

Insider Tipp

AUSKUNFT

ALASKA PUBLIC LANDS INFORMATION CENTER (APLIC)

Gutes Infomaterial und individuelle Beratung für alle Naturparks in Alaska. Buchung von Campingplätzen und Wildnishütten in den National Forests. *605 W. 4th Av. | Tel. 907/271-27 37 | Fax 271-27 44 | www.alaskacenters.gov*

ANCHORAGE CONVENTION & VISITORS BUREAU

Infokiosk an der Ecke 4th Av./F St. | (524 W. 4th Av.) | Tel. 907/276-41 18 | www.anchorage.net

ZIELE IN DER UMGEBUNG

ALYESKA RESORT/GIRDWOOD [110 C4]

Das breite Tal in den Chugach Mountains, etwa 60 km südöstlich von Anchorage (am Highway 1), ist das einzige voll erschlossene (und sogar recht gute) Skigebiet Alaskas – komplett mit Nobelresort *(Alyeska Prince Hotel | Girdwood | 304 Zi. | Tel. 754-11 11 | www.alyeskaresort.com | €€€)* und Ferienwohnungen. Mit der Gondelbahn kann man im Sommer auf den 1201 m hohen *Mt. Alyeska* fahren, oben mit herrlichem Blick über Bucht und Berge spazieren gehen oder im Aussichtsrestaurant *Seven Glaciers (€€€)* speisen. Unten im Tal lohnt ein Abstecher zur *Crow Creek Mine,* einem fotogenen Goldgräbercamp aus dem Jahr 1898. Ein Nugget wird man hier beim Goldwaschen zwar nicht finden, aber Spaß macht's trotzdem. Hinter der alten Mine beginnt ein halbtägiger Wandertrail zum *Raven-Gletscher.*

Insider Tipp

CHUGACH STATE PARK [110 C4]

Dieses rund 2000 km² große Naturschutzgebiet in der Gletscherwelt der Chugach Mountains liegt sozusagen vor der Haustür von Anchorage. Bester Zugang ist bei *Eagle River* (etwa 20 km von Anchorage über den Glenn Highway und die Eagle River Road). Am Ende der Straße liegt das *Eagle River Nature Center* (Ausstellungen, Lehrpfade). Es ist außerdem Ausgangspunkt eines 40 km langen Wanderpfads auf dem alten *Iditarod Trail* über die Berge nach Girdwood – eine schöne zweitägige Tour.

EKLUTNA VILLAGE [110 C4]

Im kleinen Dorf der Tanaina-Indianer rund 40 km nordöstlich von Anchorage zeugt eine originalgetreu rekonstruierte Missionskirche von der russischen Missionszeit vor 150 Jahren. Sehenswert sind besonders die bunten Geisterhäuschen, in denen die Seelen der Toten wohnen sollen. *Im Sommer tgl. Führungen 10–18 Uhr | Eintritt 5 $*

PORTAGE GLACIER [110 C5]
Jedes Frühjahr brechen vom Portage Glacier, der in den letzten Jahren auf Grund der globalen Erwärmung stark abgeschmolzen ist, große Eisberge ab und treiben im See davor – je nach Wind ein spektakulärer Anblick. Im *Begich-Boggs Visitor Center (im Sommer tgl. 9–18 Uhr)* wird stündlich der hervorragende Film Insider Tipp „Voices from the Ice" gezeigt. Ein gut ausgebauter, 2 km langer Spazierweg führt vom Parkplatz zum *Byron-Gletscher.* Bei einer einstündigen *Bootsfahrt (tgl. 10.30–16.30 Uhr | 29 $)* können Sie dem weit größeren *Portage-Gletscher* und seiner Abbruchkante näher kommen. *Rund 90 km östlich von Anchorage am Seward Highway.*

HOMER

[110 B6] **Bei schönem Wetter ist Homer (5500 Ew.) schlichtweg atemberaubend: Schneebedeckte Gipfel und Gletscher umrahmen das schimmernde Wasser der Kachemak Bay, an deren Nordufer das Städtchen liegt.** Dies ist ein Dorado der Heilbuttangler, die vom weit in die Bucht hinausreichenden *Homer Spit* aus – einer gut 8 km langen Sandbank – mit den Charterbooten auf Fang gehen. An Land lohnt sich ein Bummel über die *Pioneer Avenue* mit ihren Restaurants und Galerien, denn angelockt durch die herrliche Lage hat sich in Homer eine ▶▶ Künstlerkolonie etabliert. Die schönsten Ausblicke über die weite Bucht haben

Skifahren ohne Schutzzäune und Schlangestehen: Im Alyeska Resort ist das noch möglich

Sie vom *Skyline Drive* und der *East End Road.*

SEHENSWERTES

PRATT MUSEUM

Pioniergeschichte, Schiffsmodelle, Aquarien, Ausstellungen über die Tierwelt – rundweg alles über die Region der Kachemak Bay. *3779 Bartlett St. | tgl. 10–18 Uhr | www.prattmuseum.org | Eintritt 6 $*

ESSEN & TRINKEN

CAFE CUPS

Beliebtes, alternativ angehauchtes Szenelokal mit empfehlenswerter Küche. *162 W. Pioneer Av. | Tel. 235-83 30 |* €€–€€€

THE SALTRY

Ausgezeichnetes Fischrestaurant im winzigen, idyllisch gelegenen Dorf *Halibut Cove* auf der Südseite der Kachemak Bay. *Anfahrt per Fähre | Reservierung unter Tel. 800/478-78 47 |* €€–€€€

WASABI'S

Insider Tipp

Die Sushi-Bar mit dem schönsten Ausblick Alaskas. Exzellente Küche. *52917 East End Rd. | Tel. 226-36 63 |* €€–€€€

ÜBERNACHTEN

ACROSS THE BAY TENT AND BREAKFAST

Camping im Regenwald: Man bringt nur den Schlafsack mit und kann wandern oder Kajak fahren. *Seldovia | Tel. 235-36 33 | www.tentandbreakfastalaska.com |* €–€€

BAY VIEW INN

Freundliches Motel auf einer hohen Klippe über der Bucht. *14 Zi. | Mile 170, Sterling Hwy. | Tel. 235-84 85 | www.bayviewalaska.com |* €–€€

HOMER SEASIDE COTTAGES

Insider Tipp

Stimmungsvolle Zimmer in drei Holzhäusern. Gegenüber liegt ein nettes, alternatives Lokal, in dem man schön frühstücken kann. *5 Zi. | Bunnell Av./Main St. | Tel. 907/235-68 36 | www.homerseasidecottages.com |* €

TUTKA BAY LODGE

Gut geführte Wildnislodge mit sehr engagierten Besitzern. Ideal für den

> LOW BUDGET

- Das älteste Haus an der Hauptstraße von Anchorage ist heute *Charlie's Club 25 Art Gallery Coffee House,* ein gemütlicher Coffeeshop mit einem bunten Mix von Kunst an den Wänden. Perfekt zum Abhängen mit einer dampfenden „Latte" und zum E-Mails-Checken. *Ecke 4th Av./D St. | Tel. 258-10 52*
- Rucksack-Traveller finden in der *Jugendherberge* von Anchorage Betten für 25 $ die Nacht, Privatzimmer für 65 $ und eine Infobörse für Gleichgesinnte. Gute Lage in der Innenstadt. *700 H St. | Tel. 276-36 35 | www.anchoragehostel.org*
- Das billigste Bier und die besten Fish & Chips gibt es oft in den manchmal etwas düster und verrucht aussehenden Kneipen in den Fischerorten. Keine Angst, immer herein. Gutes Beispiel: *Thorn's Showcase Lounge | Seward | 208 4th Av. | Tel. 224-37 00*

gepflegten Wildnisurlaub. *4 Hütten | Tel. 235-39 05 | www.tutkabaylodge.com | nur Vollpension | €€€*

TOUREN

CENTER FOR ALASKAN COASTAL STUDIES

Naturkundliche Bootstouren und Exkursionen mit dem Kajak in der Kachemak Bay. *708 Smokey Way/Lake St. | Tel. 235-66 67 | www.akcoastalstudies.org*

Insider Tipp **HOMER AIR**

Ganztägige Flightseeing-Touren zu den Bären an der Küste von Katmai. Spektakulär – und mit ca. 500 $ einigermaßen erschwinglich. *2190 Kachemak Dr. | Tel. 235-85 91 | www.homerair.com*

SMOKE WAGON WATER TAXI

Fährservice zum Sightseeing und Wandern in der Kachemak Bay. *Homer Spit | Tel. 235-29 47*

AM ABEND

SALTY DAWG SALOON ★

Die berühmteste und urigste Kneipe der Kenai-Halbinsel: mit Sägemehl auf dem Boden und Rettungsringen an der Wand. *Am Homer Spit | www.saltydawgsaloon.com*

AUSKUNFT

HOMER CHAMBER OF COMMERCE

201 Sterling Hwy./Main St. | Tel. 235-77 40 | www.homeralaska.org

ISLANDS & OCEAN VISITOR CENTER

Ausgezeichnete Ausstellungen über die Tierschutzgebiete Süd-Alaskas. *95 Sterling Hwy. | www.islandsandocean.org*

ZIEL IN DER UMGEBUNG

SELDOVIA [110 B6] Insider Tipp

Das weltabgeschiedene, malerische Fischerdorf auf der Südseite der Kachemak Bay, das bereits 1795 von den Russen gegründet wurde, lohnt einen Tagesausflug. Oder Sie bleiben über Nacht im *Boardwalk Hotel (14 Zi. | Tel. 234-78 16 | €€)*. Touren und Fährservice ab Homer.

Urige Blockhütte zu Füßen eines Leuchttürmchens: der Salty Dawg Saloon

KENAI/ SOLDOTNA

[110 B5] **Die moderne, weitläufige Doppelstadt (12 000 Ew.) an der Mündung des Kenai River in den ölreichen Cook Inlet ist heute ein Ziel von Lachsanglern.** Daran, dass der Ort Kenai schon 1791 von russischen Pelzhändlern gegründet wurde, erinnert nur noch die von Zwiebeltürmen gekrönte *Holy Assumption Church* auf einer hohen Klippe über der Flussmündung. Vom nahen *Beluga Lookout* blickt man weit über den Cook Inlet zu den Vulkanen am Beginn der Aleutenkette.

ÜBERNACHTEN

HARBORSIDE COTTAGES

Rustikale, schmucke und gut ausgestattete Hütten mit Blick über den Cook Inlet. *813 Riverview Dr. | Kenai | Tel. 283-61 62 | www.harborside cottages.com* | €€

FREIZEIT & SPORT

ANGELN

Rund 40 000 Königslachse – viele rekordverdächtig groß – werden alljährlich von den Sportanglern aus dem legendären ★ *Kenai River* gezogen. Besonders beliebt ist der Flussabschnitt bei Cooper Landing und um die Mündung des Russian River in den Kenai. Die zahlreichen *Tackle Shops* (Angelläden) und Angellodges um Soldotna verkaufen Lizenzen und vermitteln Guides.

AUSKUNFT

KENAI NATIONAL WILDLIFE REFUGE CENTER

Infobüro mit naturkundlichen Ausstellungen und Videos. Auskunft zu Kanu- und Wandertouren. *2139 S. Ski Hill Rd. | Soldotna | Tel. 262-70 21*

KENAI VISITORS CENTER

Infozentrum mit Museum. *11471 Kenai Spur Hwy. | Kenai | Tel. 283-19 91 | www.visitkenai.com*

Das sieht nach einem kapitalen Burschen aus! Anglerglück am Kenai River

PALMER

[110 C4] **Der 7800-Seelen-Ort nordöstlich von Anchorage ist das Zentrum des fruchtbaren Matanuska-Tals, der wichtigsten Farmregion Alaskas.** In zahlreichen Gärtnereien können Sie das „Supergemüse" der Region bewundern: Dank der langen Sonnenstunden im Sommer werden z. B. die Kohlköpfe bis zu 30 kg schwer.

SEHENSWERTES

IDITAROD TRAIL COMMITTEE

Ausstellungen über das legendäre Schlittenhunderennen. *Mile 2,2, Knik Rd. | im Sommer tgl. 8–19 Uhr | Eintritt frei*

ZIEL IN DER UMGEBUNG

Insider Tipp

HATCHER PASS ROAD [110 B–C4]

Die 80 km lange, kurvige Schotterstraße von Palmer nach Willow am George Parks Highway belohnt die Rütteltour mit fabelhaften Ausblicken über die Chugach Mountains und stimmungsvollen Bergwerksruinen wie der *Independence Mine*.

SEWARD

[110 C5] **Die einzige Hafenstadt an der Südküste der Kenai-Halbinsel ist typisch für Süd-Alaska: Sie ist von grünen Bergen umrahmt und liegt direkt an einer fischreichen Bucht.** Heute leben hier rund 3000 Menschen – vom Lachs- und Heilbuttfang, vom Hafen und der Eisenbahn und vom Tourismus, der seit Gründung des nahen *Kenai Fjords National Park* 1980 aufblühte.

Die *Resurrection Bay,* an deren Ende sich der Ort an den Berghang schmiegt, entdeckten schon vor 200 Jahren die Russen, doch der große, ganzjährig eisfreie Naturhafen wurde erst genutzt, nachdem 1903 von hier aus die Alaska Railroad ins Landesinnere gebaut worden war. Aus der Bahnstation entstand die Stadt, die man nach William Seward benannte, dem amerikanischen Außenminister, der Alaska 1867 von den Russen gekauft hatte. Heutzutage wird hier vor allem Kohle für Korea verladen.

SEHENSWERTES

ALASKA SEALIFE CENTER

Großes, modernes Ausstellungszentrum und Aquarium, das die Unterwasserwelt der Fjorde präsentiert. *301 Railway Av. | im Sommer tgl. 9–19 Uhr, im Winter tgl. 10–17 Uhr | www.alaskasealife.org | Eintritt 20 $*

ESSEN & TRINKEN

RAY'S

Gutes Fischrestaurant mit Hafenblick und Trophäenfischen an den Wänden. *Am Small Boat Harbor | Tel. 224-56 06 |* €€

RESURRECT ART COFFEE HOUSE

Insider Tipp

Flippiges Café in einer alten Kirche, abends Lesungen. *320 3rd Av. | Tel. 224-71 61 |* €

ÜBERNACHTEN

BOX CANYON CABINS

Fünf modern möblierte Blockhütten, etwas außerhalb des Ortes im Wald gelegen. *Am Anfang der Exit Glacier Rd. | Tel. 224-50 46 | www.boxcanyoncabin.com |* €€

HARBORVIEW INN

Das komfortable, moderne Motel liegt nicht weit vom Hafen. *37 Zi. |*

804 3rd. Av. | Tel. 224-32 17 | www.sewardhotel.com | €€

TOUREN

WANDERN

An der Jefferson Street beginnt der 5 km lange Trail zum *Mt. Marathon,* auf dem alljährlich am 4. Juli ein in ganz Alaska berühmtes Rennen ausgetragen wird. Ein anderer, 7 km langer Pfad führt an der Küste nach Süden zum *Caines Head,* wo sich ein herrlicher Blick über die Fjorde und Inseln bietet. Für längere Touren zu empfehlen sind der *Lost Lake Trail* und der *Primrose Trail* durch die Seenlandschaft nördlich von Seward sowie der 34 km lange *Johnson Pass Trail. Infos und Karten für Wanderungen in der ganzen Region erhalten Sie beim Forest Service | 334 4th Av. | Tel. 224-33 74*

AUSKUNFT

SEWARD VISITORS BUREAU

Mile 2, Seward Hwy. | Seward | Tel. 224-80 51 | www.sewardak.org

ZIEL IN DER UMGEBUNG

KENAI FJORDS NATIONAL PARK [110 B4–6]

Der 2790 km² große Park bewahrt eine von Gletschern geschaffene Fjordlandschaft im Südosten der Kenai-Halbinsel, die bekannt ist für ihren Reichtum an Meeressäugetieren wie Walen, Seeottern und Seelöwen. Im Binnenland umschließt er zudem das 1850 km² große *Harding Icefield,* aus dem zahlreiche Gletscher hinab ins Meer fließen. Das *Visitor Center* des Parks (Dia- und Videovorführungen) liegt am Small Boat Harbor in Seward. Hier beginnen auch halb- und ganztägige ★ *Fjordtouren* – Fahrten zu den Gletscherbuchten. Buchung u. a. bei *Kenai Fjords Tours (Tel. 224-80 68 | www.kenaifjords.com)* oder *Major Marine Tours (Tel. 274-73 00 | majormarine.com).*

Der vom Harding Icefield gespeiste *Exit Glacier* ist mit dem Auto vom Seward Highway aus zu erreichen. Am Ende der Exit Glacier Road beginnt beim Visitor Center ein halbstündiger Spazierweg, der an die rund 60 m hohe Eiskante führt. Insider Tipp

VALDEZ

[111 D4] **Die „Schweiz Alaskas" nennt sich Valdez (4000 Ew.) gerne, und der Vergleich ist nicht so abwegig.** Zwar liegt das Städtchen am Meer und ist das Tor zum Prince William Sound, aber die Berge und Gletscher ringsum lassen keine alpinen Träume unerfüllt. Gegründet wurde Valdez Ende des 19. Jhs. als Hafen, von dem aus die Goldgräber ins Landesinnere aufbrachen. Vom alten Valdez ist allerdings nichts mehr übrig – eine Flutwelle des Erdbebens von 1964 zerstörte es völlig.

Das Leben spielt sich vor allem um den *Small Boat Harbor* ab: Restaurants und Shops säumen den *North Harbor Drive,* davor legen die Sightseeingboote ab. Gegenüber, auf der Ostseite des Valdez Fjord, kann man die großen Tanks des Ölterminals sehen, den *Endpunkt der Alyeska Pipeline (aus Sicherheitsgründen keine Führungen).*

Das Öl hat Valdez aber auch traurige Berühmtheit beschert: 1989 rammte der Supertanker „Exxon Valdez“ ein Riff am Eingang zum Hafen der Stadt. 42 Mio. l Öl strömten in den Golf von Alaska und verseuchten über 2000 km Küste bis hinunter nach Kodiak Island. Hundertausende Meerestiere und Seevögel mussten sterben. Mittlerweile ist vom Öl – zumindest oberflächlich – nichts mehr

Hier ist Erdöl wichtiger als Meeresfisch: Kutter im Fischereihafen von Valdez

zu sehen. Seeotter spielen in der Bucht, und am Ortseingang laichen im August sogar wieder die Silberlachse in Massen.

SEHENSWERTES

VALDEZ MUSEUM

Klein, aber interessant: Pioniergeschichte, Ausstellungen über das Erdbeben von 1964 und über die Ölkatastrophe. *217 Egan Dr. | im Sommer tgl. 9–18 Uhr | www.valdezmuseum.org | Eintritt 6 $*

ESSEN & TRINKEN

ALASKA'S BISTRO

Elegantes kleines Fischlokal direkt am Hafen. *102 N. Harbor Dr. | Tel. 835-56 88 | €€*

ÜBERNACHTEN

DOWNTOWN B&B INN

Große Pension im Zentrum des Ortes. *25 Zi. | 113 Galena Dr. | Tel. 835-27 91 | www.valdezdowntowninn.com | €–€€*

AUSKUNFT

VALDEZ VISITORS BUREAU

200 Fairbanks Dr. | Tel. 835-46 36 | www.valdezalaska.org

ZIELE IN DER UMGEBUNG

Insider Tipp

CORDOVA [111 D5]

Das hübsche, weltvergessene Fischernest (2400 Ew.) am Ostende des Prince William Sound ist unter Naturfreunden vor allem als Ausgangspunkt für Touren in das *Copper River Delta* bekannt. Im Frühjahr sind hier Millionen von Zugvögeln zu beobachten, und im Sommer nisten in den Marschlandschaften unter anderen Trompeterschwäne. 50 Meilen stromaufwärts kommt man zum häufig kalbenden *Childs Glacier*.

PRINCE WILLIAM SOUND ★ [110–111 C–D5]

Wale und Robben, Eisberge, Inseln und spektakuläre Fjorde: Die fast 40000 km^2 große Meeresbucht am Fuß der Chugach Mountains zeigt Alaska von seiner schönsten Seite. Berühmteste Attraktion ist der rund 60 km lange *Columbia Glacier*, der in den letzten Jahren fast 10 km zurückgewichen ist. *Schiffstouren ab Valdez mit Stan Stephens Cruises | 100 Fidalgo Dr. | Tel. 866/867-12 97 | www.stanstephenscruises.com*

RICHARDSON HIGHWAY [110–111 C–D1–4]

Bereits 1910 wurde von Valdez die erste Wagenstraße Alaskas durch die Berge nach Fairbanks gebaut, der heutige Richardson Highway. Von Valdez durchfährt man zuerst den von Wasserfällen gesäumten *Keystone Canyon*, dann klettert die Straße mit herrlichen Ausblicken über die *Chugach Mountains*. Am *Thompson Pass* (845 m) reicht die blendend weiße Eiszunge des *Worthington Glacier* bis fast an die Straße heran.

WHITTIER [110 C5]

Schön ist Whittier nicht, aber ungewöhnlich: Fast die gesamte Bevölkerung von knapp 170 Menschen lebt in ein paar riesigen Militärbauten aus dem Zweiten Weltkrieg, als das Ha-

Kreuzfahrtschiff vor der Abbruchkante des Columbia-Gletschers – die Robbe stört's nicht

fenstädtchen ein wichtiger Armeestützpunkt war. Heute ist Whittier vor allem das westliche Tor in die Wunderwelt des *Prince William Sound* und per Fähre mit dem sechs Stunden entfernten Valdez verbunden. Im Hafen legen die Tourboote zu Tagesrundfahrten in den spektakulären *College Fjord* ab, Kajakfahrer brechen von hier zu Touren in das Inselgewirr auf, und als Wanderer kann man auf dem *Portage Pass Trail* eine schöne Halbtagestour zu den Gletschern über dem Ort unternehmen.

Per Auto ist die Siedlung erst seit 2000 erreichbar: Von *Portage* aus fährt man – abwechselnd mit Bahn und Gegenverkehr – einspurig durch einen umgebauten Bahntunnel 4 km durch den Berg nach Whittier (Tunnelgebühr ca. 12 $). Die Fähre verkehrt dreimal wöchentlich quer durch den Sund nach Valdez. Reservierung bei *Alaska Marine Highway (Tel. 800/642-00 66 | www.ferryalaska.com)* unbedingt nötig!

WRANGELL-ST. ELIAS NATIONAL PARK

Ein Nationalpark [111 D–F3–6, 112 A5], **der um einiges größer ist als die Schweiz! Gut 50 000 km² Wildnis mit Vulkanen und Eisfeldern wie dem Bagley Icefield, aus dem der 160 km lange Bering Glacier fließt.** Schon vom ✲ Richardson Highway aus sind Gipfel wie der 4949 m hohe *Mt. Sanford* zu sehen. Im eisigen Herzen des Parks ragen Gipfel wie der *Mt. Saint Elias* sogar auf 5500 m auf. Zusammen mit dem angrenzenden *Kluane National Park* Kanadas wurde dieses noch völlig unerschlossene, erst 1980 gegründete Schutzgebiet von der Unesco zum Welterbe erklärt.

Nur zwei Straßen führen in den Park: eine 70 km lange Schotterpiste bei Nabesna im Norden und die grandiose, 150 km lange ✲ *Mc Carthy Road,* die vom Richardson Highway zum malerischen, verwitterten Bergwerksort *McCarthy* [111 E4] führt. Insider Tipp Am Ende der Straße muss man den Wagen am Kennicott River stehen lassen und kann dann zu Fuß weiter in den Ort und zur 5 km entfernten *Kennicott Mine,* einem alten Kupferbergwerk, vordringen.

ÜBERNACHTEN

KENNICOTT GLACIER LODGE ✲ [111 E4]
Unschlagbarer Blick von der Veranda auf den Kennicott Glacier. *25 Zi. | McCarthy | Tel. 258-23 50 | www.kennicottlodge.com* | €€

MCCARTHY LODGE [111 E4]
Historisches Hotel in McCarthy. Restaurant, Saloon, Backpacker Hostel. *12 Zi. | Tel. 554-44 02 | www.mccarthylodge.com* | €–€€

ZIEL IN DER UMGEBUNG

COPPER CENTER [111 D4] Insider Tipp
Stimmungsvoller, alter Pionierort an einer Seitenstraße des Richardson Highway. Die historische *Copper Center Lodge (€€)* serviert deftige *pancakes* zum Frühstück und dicke Steaks am Abend – alles wie früher. Am Richardson Highway bei Copper Center liegt auch das *Visitor Center des Wrangell-St. Elias National Park (Tel. 822-52 34).*

> DER HÖCHSTE BERG, DER GRÖSSTE FLUSS

Unendliche Weite regiert im Land zwischen dem Yukon River und der Alaska Range

> Weithin dominiert der *Mt. McKinley* (6194 m) das „Interior", das Binnenland Alaskas. Er ist mit der höchste Berg Alaskas – und auch der schönste. Als vereister Solitär ragt er an klaren Tagen wie eine überirdische Erscheinung aus den grünen Vorbergen der Alaska Range auf. 100, ja, über 200 km weit ist er zu sehen.

Denali, „der Hohe", nannten ihn die Indianer – und es gibt Bestrebungen, den weißen Berg wieder so zu benennen, wie schon der zugehörige Nationalpark heißt. Dass der Berg 1897 von einem Goldsucher nach William McKinley, dem damaligen Präsidentschaftsbewerber der USA, benannt wurde, war eher ein Zufall.

Das Interior umfasst im Wesentlichen die *Alaska Range* und das gewaltige, gut 500 km breite Tal des *Yukon River* mit seinen Nebenflüssen. 3185 km wälzt sich der größte Strom des Landes quer durch den Norden des Kontinents zur Bering-

Bild: Wonder Lake und Mt. McKinley

ZENTRAL-ALASKA

See. Hügelketten durchziehen das Tal, scheinbar unendliche Birken- und Pappelwälder erglühen im Herbst im Orange und Gelb des Indian Summer.

Das Schönste am Interior aber ist das Wetter: Auf Grund des Schutzes, den die hohe Barriere der Alaska Range bedeutet, regnet es hier nur selten, und im Sommer steigen die Temperaturen oft auf über 30 Grad. Ganz anders der Winter: Das Interior ist der kälteste Landstrich Alaskas. Im Januar und Februar, wenn die Nordlichter in spektakulären Formationen am Himmel geistern, bleibt das Thermometer regelmäßig für einige eisige Wochen auf minus 40 Grad hängen.

Die Winter haben wohl auch die Siedler abgeschreckt, denn bis heute ist das Interior trotz des Goldrauschs an der Wende zum 20. Jh. kaum bewohnt. Eine Stadt, ein Dutzend Örtchen – das war's auch schon für eine Region so groß wie halb Deutschland. Es gibt jedoch einige Highways, auf denen man das weite Land durchfahren kann, zu kleinen Pionierorten im Hinterland, zu Campingplätzen an stillen Waldseen und zu heißen Quellen.

Meilenstein der 1942 erbauten Militärstraße. Von hier aus führte damals bereits der Richardson Highway weiter nach Fairbanks beziehungsweise nach Valdez im Süden. Delta Junction ist der einzige Landwirtschaftsort im Interior: 150 km² Land wurden in den letzten 25 Jahren ge-

Bis zu 800 kg kann so ein Elchbulle wiegen – dieser hier weidet Wasserpflanzen ab

DELTA JUNCTION

[111 D2] Mile 1422, Alaska Highway: „The end of the road". Seit gut 50 Jahren ist Delta Junction (800 Ew.) das ersehnte Ziel der Überlandfahrer auf dem legendären Alaska Highway, der tief im Süden im kanadischen Dawson Creek beginnt. Im Mittelpunkt des weit auseinander gezogenen Straßendorfs steht vor dem Visitor Center der offizielle *letzte*

rodet und vorwiegend zum Anbau von Getreide genutzt.

SEHENSWERTES

BIG DELTA STATE HISTORICAL PARK [111 D1]

Ein kleines Museumsdorf mit originalgetreu restaurierter Postkutschenstation von 1910: *Rika's Roadhouse.* Unmittelbar nördlich überquert die *Alyeska Pipeline* den Tanana River. *Mile 275, Richardson Hwy. | im Sommer tgl. 8–17 Uhr | Eintritt frei*

DENALI NATIONAL PARK

[110 A–C2–3] **1980 wurde der 1917 gegründete Park vergrößert: 24 395 km² umfasst die Wildnisregion nun, ein Gebiet größer als Hessen.** Spektakulärste Attraktion ist der *Mt. McKinley,* mit 6194 m der höchste Gipfel Nordamerikas. Doch vor allem die Tierwelt macht den Besuch in den großen, im Sommer von Wildblumen übersäten Tundragebieten erlebnisreich: Rund 2000 Elche, 3000 Karibus und fast 300 Grizzlys leben im Park, dazu Bergschafe, Füchse, Wölfe, Steinadler und viele kleinere nordische Tierarten. Da der größte Teil des Schutzgebietes oberhalb der Baumgrenze liegt, hat man gute Chancen, die dank des strikten Jagdverbotes wenig scheuen Tiere auch zu sehen.

Vom Parkeingang führt die für den öffentlichen Verkehr gesperrte *Denali Park Road* entlang der Nordseite der Alaska Range 135 km weit in den Park, wo man vom *Eielson Visitor Center* und vom *Wonder Lake* aus die schönsten Ausblicke auf den Berg hat. Sie können sich auch im Park absetzen lassen und mit einem späteren Bus wieder zurückfahren. Für mehrtägige Wandertouren ins Hinterland muss man sich beim Backcountry Desk des Visitor Center für eine bestimmte Region eintragen. Falls Sie – was zur Hochsaison häufig vorkommt – ein bis zwei Tage auf einen Platz im Bus warten müssen, empfiehlt sich ein Abstecher auf den *Denali Highway,* eine Raftingtour auf dem *Nenana River* oder ein Besuch bei den *Schlittenhunden* der Park Ranger *(tgl. Vorführungen in den Dog Kennels bei den Park Headquarters).*

ESSEN & TRINKEN

MCKINLEY CREEKSIDE CAFE

Riesen-Frühstück, solides Dinner. Dazu Lunchpakete für die Bustour in den Park. *Mile 224, Parks Hwy.* | *Tel. 683-22 77* | €–€€

THE PERCH

Im „Barsch“ gibt es gute Steaks und Fischgerichte mit Blick über das Nenana-Tal. *Mile 224, Parks Hwy.* | *Tel. 683-25 23* | €€–€€€

ÜBERNACHTEN

CAMP DENALI

Einfache Blockhütten im Herzen des Parks mit fließend kaltem Wasser. Traumblick auf den Berg. Naturkundliche Führungen. Sie müssen

MARCO POLO HIGHLIGHTS

★ **Denali Park Road**
Panoramastraße mit Traumblick auf den Mt. McKinley (Seite 52)

★ **Santa Claus House**
Weihnachten im Sommer: so kitschig – fast schon wieder schön! (Seite 54)

★ **University Museum**
Gold, Mammutstoßzähne und ein 36 000 Jahre alter Bison (Seite 53)

★ **Sightseeingflüge**
Klassischer Rundflug über den Mt. McKinley (Seite 55)

lange vorab reservieren! *Postadresse: P. O. Box 67 | Denali National Park, AK 99755 | Tel. 683-22 90 | www.campdenali.com | nur Vollpension | €€€*

DENALI DOME HOME B&B
Freundliche Frühstückspension etwas nördlich vom Parkeingang. *9 Zi. | P. O. Box 262 | Healy, AK 99743 | Tel. 683-12 39 | www.denalidomehome.com | €€*

Insider Tipp **DENALI LAKEVIEW INN**
Ein gepflegtes kleines Hotel am See, hier wäre man richtig für Flitterwochen in der Wildnis. *19 Zi. | 1.2 Otto Lake Rd. | Healy | Tel. 683-40 35 | www.denalilakeviewinn.com | €€*

TOUREN

Bustouren auf der ★ *Denali Park Road* beginnen am Parkeingang beim Visitor Center, dort werden auch die Tickets für die Busse bis zu drei Tage im Vorhinein ausgegeben. Ein Teil der Sitzplätze kann sechs Monate vorab reserviert werden. *Tel. 272-72 75 | www.reservedenali.com | Fahrpreis 23–44 $ je nach Strecke*

> LOW BUDGET

- Fette Burger, dicke Omelettes, kleine Preise: So soll ein guter Coffeeshop sein, und so ist *The Bakery*, etwas nördlich der Innenstadt von Fairbanks. Frühstück gibt's den ganzen Tag und prima Pancakes. *69 College Rd. | Tel. 456-86 00*
- Das beste Basislager für Backpacker ist am Mt. McKinley das ▶▶ *Denali Mountain Morning Hostel.* Ein Platz im Stockbett kostet 25 $, dazu gibt es einen Shuttledienst zum Parkeingang. *45 Betten in Blockhütten | Mile 224,1, Parks Hwy. | Tel. 683-75 03 | www.hostelalaska.com*

AUSKUNFT

DENALI NATIONAL PARK
Infozentrum am Parkeingang. Hier ist auch die Anmeldung für die sieben Campingplätze im Park. *P. O. Box 9 | Denali Park, AK 99755 | Tel. 683-22 94 | www.nps. gov/dena*

FAIRBANKS

KARTE IN DER HINTEREN UMSCHLAGKLAPPE

[110 C1] Heutzutage spielt Fairbanks (84 000 Ew.) nur noch die zweite Geige hinter Anchorage, doch bis etwa 1960 war es die wichtigste Stadt Alaskas. Noch heute ist Fairbanks der Versorgungsort für Zentralalaska und für die Arktis. Von hier aus wurden die Ölvorkommen der Prudhoe Bay erschlossen, von hier aus starten die Buschflieger zu den Eskimodörfern und setzen Geologen und Goldsucher, Schlauchbootfahrer und Wanderer in der Wildnis ab. Schön ist die Stadt nicht mit ihrem Nebeneinander von alten Hütten, neuen Büroklötzen und von Werbetafeln gesäumten Straßen – aber typisch für Alaska. Einen Tag sollten Sie einplanen: einmal durch Downtown um die *Cushman Street* bummeln und Vorräte einkaufen, ehe es weitergeht ins einsame Hinterland.

SEHENSWERTES

GOLD DREDGE NO. 8
Mitten im historischen Gold District nördlich von Fairbanks erfährt man

bei einer Führung durch diese riesige alte Goldwaschanlage alles über das Mining – anschließend können Sie selbst Ihr Glück versuchen. *Mile 9, Old Steese Hwy. | im Sommer tgl. 9.30–15.30 Uhr | Eintritt 25 $*

Insider Tipp

ICE MUSEUM
Witzige Ausstellung von Skulpturen aus Eis im Nebenraum eines Souvenirladens. *500 2nd Av. | tgl. 10–20 Uhr | Eintritt 12 $*

PIONEER PARK
Rummelplatz und Freilichtmuseum zugleich: mit fotogenen Pionierhäusern, Shops, einem alten Schaufelraddampfer, *salmon bake* (Lachspicknick), Goldgräbergerätschaften und Saloon (abends Shows). *Airport Way | im Sommer tgl. 12–20 Uhr | Eintritt frei*

UNIVERSITY MUSEUM ★
Das schön auf einem Hügel über der Stadt gelegene moderne Museum vermittelt einen hervorragenden Überblick über Alaskas Natur- und Pioniergeschichte. *Campus der University of Fairbanks | im Sommer tgl. 9–21 Uhr | Eintritt 10 $*

ESSEN & TRINKEN

ESTER GOLD CAMP
Touristisch, aber vergnüglich: Im alten Goldgräbercamp können Sie sich am Heilbuttbuffet laben und dann im *Malemute Saloon* bechern (abends Shows). *15 Automin. westlich | Parks Hwy. | Tel. 479-25 00 | €€*

PIKE'S LANDING
Steaks, Fisch und gutes Bier. Terrasse am Flussufer. Sehr guter Sonntagsbrunch. *Mile 4,5, Airport Way | Tel. 456-65 00 | €€–€€€*

Kultur und Natur: Alaskas Geschichte zeigt das University Museum in Fairbanks

ÜBERNACHTEN

BRIDGEWATER
Solides Mittelklassehotel im Zentrum der Stadt. *94 Zi. | 723 First Av. | Tel. 452-66 61 | www.fountainheadhotels.com | €€*

GRAND VIEW BED & BREAKFAST
Freundliche Frühstückspension im Blockhausstil. *4 Zi. | 915 Ridge Point Dr. | Tel. 479-33 88 | www.grandview-bb.com | €–€€*

TOUREN

NORTHERN ALASKA TOUR COMPANY
Flugexkursionen nach Barrow, Kotzebue, Nome und dem Gates of the Arctic National Park; Bustouren auf dem Dalton Highway. *Tel. 474-86 00 | www.northernalaska.com*

FAIRBANKS

AUSKUNFT

MORRIS THOMPSON CULTURAL & VISITORS CENTER
101 Dunkel St. | Tel. 456-57 74 | www.explorefairbanks.com

ZIELE IN DER UMGEBUNG

DALTON HIGHWAY **[108 A–B 1–6]**
Erst 1994 wurde die Pipelinestraße von Fairbanks nach Prudhoe Bay freigegeben: 666 einsame Kilometer durch die Brooks Range bis zum Eismeer. Das letzte Stück ist aber bis heute gesperrt, die Ölanlagen sind nur bei Führungen zu besuchen.

HEISSE QUELLEN **[108 B5]**
In der weiteren Umgebung von Fairbanks lohnen sich Ausflüge auf Stichstraßen ins Hinterland: Nur eine Fahrstunde entfernt liegt zum Beispiel *Chena Hot Springs,* ein Resorthotel *(76 Zi. | Tel. 451-81 04 | www.chenahotsprings.com | €€)* mit heißen Quellen.

NENANA **[108 A6]**
Das Städtchen (400 Ew.) an der Mündung des Nenana in den breiten Tanana River entstand aus einem Dene-Indianerdorf, nachdem ab 1923 die Eisenbahn hierher führte. Das *Alaska Railroad Museum (im Sommer tgl. 9–18 Uhr)* im schön renovierten Bahnhof am Flussufer illustriert jene Zeit. Im Sommer sieht man hier oft indianische Fischräder, die wie kleine Schaufelradbagger Lachse aus dem Tanana River schöpfen. *80 km südwestlich am George Parks Highway.*

NORTH POLE **[108 B6]**
Am Nordpol wohnt der Weihnachtsmann, also schicken amerikanische Kinder ihre Wunschpostkarten nach North Pole, Alaska (1600 Ew.). Das ★ *Santa Claus House* in diesem Vorort von Fairbanks wird allen Weihnachtsgefühlen gerecht – hier klingeln auch im Juli die „Jingle Bells“. *25 km östlich am Richardson Highway. www.northpole.com*

TALKEETNA

[110 B3] In Talkeetna (900 Ew.) scheint die Zeit vor 30 Jahren stehen geblieben zu sein. Nostalgisches Pionierflair herrscht zwischen den alten Blockhütten und Wes-

In North Pole residiert der Weihnachtsmann, wohnen der Nordpolarbär und das Rentier Rudolf

ternfassaden, und bis heute ist die Main Street die einzige geteerte Straße im Ort. Zwar liegt Talkeetna noch südlich der Alaska Range, doch für die Bergsteiger ist es das Tor zum Mt. McKinley. Der wegen seiner Lage fast am Polarkreis stark vergletscherte Berg ist ein Extremziel der internationalen Bergsteigerelite – und so mancher Kletterer liegt auf dem Friedhof neben dem Flughafen. In Kneipen wie dem historischen ▶▶ *Talkeetna Roadhouse* oder dem Insider Tipp ▶▶ *West Rib Pub* treffen sich Kletterer zum Erfahrungsaustausch, bevor sie sich von *K2 Aviation (Tel. 733-22 91)* oder *Talkeetna Air Taxi (Tel. 733-22 18)* zum Basiscamp fliegen lassen. Beide Gesellschaften bieten auch spektakuläre ★ *Sightseeingflüge* über den Berg.

ÜBERNACHTEN

Insider Tipp CARIBOU LODGE

Knuffige Wildnislodge an einem Tundrasee eine halbe Flugstunde von Talkeetna, ringsum Bären und Elche. *3 Blockhütten | Tel. 733-21 63 | www.cariboulodgealaska.com | nur Vollpension | €€€*

SUSITNA RIVER LODGING

Schöne neue Blockhütten am Ufer des Susitna River. Ideal auch für Angler. *12 Zi. | Talkeetna Spur Rd. | Tel. 733-15 05 | www.susitna-river-lodging.com | €€–€€€*

AUSKUNFT

TALKEETNA RANGER STATION

Auskunftsstelle für Bergsteiger, die sich auf den Mt. McKinley wagen wollen. *P. O. Box 588 | Talkeetna, AK 99676 | Tel. 733-22 31*

Warme Dusche: In der Umgebung von Fairbanks gibt es einige heiße Quellen

TOK

[111 E2] **Ganz Tok (1400 Ew.) scheint aus Tankstellen und Motels zu bestehen. Kein Wunder, denn es ist der erste Ort Alaskas, den man auf dem Alaska Highway von Süden her erreicht.** Nach den Wildnisstrecken im kanadischen Yukon Territory beginnt hier wieder die „Zivilisation". Zwei *Info Center* helfen bei der Planung der Weiterreise.

ZIEL IN DER UMGEBUNG

EAGLE [111 E1]

Das nostalgische Goldgräbernest am Ufer des Yukon River ist den langen, holprigen Abstecher auf dem Taylor Highway wert: Es gibt täglich Führungen (9 Uhr) durch die Ausstellungen im *Gerichtsgebäude* von 1901, im alten *Customs House* und im teilweise restaurierten *Fort Egbert* der US-Army aus dem Jahr 1899. Sie illustrieren die Pioniergeschichte.

> LAND DER FJORDE UND DER WÄLDER

Das Insellabyrinth Südost-Alaskas lässt sich am besten per Schiff erkunden

> Vom „Fjord, in den sich Flüsse aus Eis ergießen", schwärmte schon vor 100 Jahren der amerikanische Naturphilosoph und Forscher John Muir, als er die *Glacier Bay* bereiste. Die spektakuläre Eisbucht gehört bis heute zu den Attraktionen Südost-Alaskas – eine Urwelt von kalbenden Gletschern, Eisbergen und fast 5000 m hohen, blendend weißen Schneegipfeln.

Im Südosten treffen die Klischees von Alaska als dem Land der Eskimos und Eisbären so gar nicht zu. Das Grün der Wälder und das Blau des Meeres sind die vorherrschenden Farben. Bunte Fischerstädtchen und kleine Orte der Tlingit-Indianer, der alten Herren des Landes, liegen weit verstreut im Gewirr der dicht bewaldeten Inseln und Fjorde. Das vom Meer bestimmte Klima ist mild – und nass, denn die Wolken des Pazifiks regnen sich hier an den Coast Mountains ab. Beste Voraussetzungen für einen einzigartigen „kalten" Regen-

Bild: Mendenhall-Gletscher

SÜDOST-ALASKA

wald, in dem jahrhundertealte Sitkatannen und Douglasien wachsen, in dem Farne, Flechten und Moose üppig sprießen.

Alaskas Südosten ist längst nicht so arktisch, wie man vermuten möchte: *Ketchikan,* die südlichste Stadt, liegt auf der Höhe von Kopenhagen, die Hauptstadt *Juneau* immer noch südlicher als Stockholm. „Panhandle“ heißt die Region bei den Alaskanern, weil die politische Grenzziehung hier einen schmalen, aber gut 800 km langen Landstreifen geschaffen hat, über den der Staat wie an einem Pfannenstiel am Kontinent hängt. Der größte Teil des Gebietes gehört heute zum knapp 70 000 km² großen *Tongass National Forest,* in dem zahlreiche „Wilderness Areas“ unter besonderem Schutz stehen. Bis heute sind nur drei Orte des Panhandle, nämlich *Hyder, Haines* und *Skagway,* über Straßen mit der Außenwelt verbunden. Was aber nicht bedeutet, dass die Region nicht gut erschlossen wäre: Lachsfischer und Holzfäller tummeln sich

Weißkopfseeadler: Der Wappenvogel der USA wurde in Alaska noch bis 1952 bejagt

hier seit Ende des 19. Jhs. und haben zahlreiche kleine Orte gegründet. Angel- und Wildnislodges gibt es zuhauf. Und auf der berühmten *Inside Passage,* einem geschützten Wasserweg, segelten schon die Goldsucher zu den Reichtümern des Klondike.

Auch heute ist die Inside Passage die schönste Möglichkeit, die Schärenwelt zu erobern: luxuriös mit einem der vielen Kreuzfahrtschiffe oder individuell mit den großen Autofähren des *Alaska Marine Highway* (möglichst lange vorab buchen!). Planen Sie auf jeden Fall einige Stopps in den Küstenorten ein und dazu eine Kajaktour oder einige Tage in einer Lodge oder Wilderness Cabin. Und vergessen Sie auf gar keinen Fall Ihr Regenzeug!

GLACIER BAY NATIONAL PARK

[116 B–C 2–3] ★ **Auf einer Bootstour in die gut 100 km lange „Gletscherbucht" werden alle Alaskaträume wahr: dramatische Eiswälle, steile Fjordwände, Eisschollen, auf denen Robben dösen, und – mit etwas Glück – sogar springende Buckelwale vor einer atemberaubenden Kulisse.** An die zehn Gletscher strömen in die 110 km lange, weit verzweigte Meeresbucht. Darüber ragt die erhabene Silhouette des 4663 m hohen *Mt. Fairweather* auf. Kaum zu glauben, dass es diese riesige Bucht vor gut 200 Jahren überhaupt nicht gab: Noch 1792, als Captain George Vancouver hier vorübersegelte, lag sie unter einer gut 1200 m dicken Eisschicht. Seither sind die Gletscher zurückgewichen, Wälder und Wildblumen erobern mehr und mehr die nackten Felshänge, Bären und über 200 Vogelarten sind hier nun heimisch. Ausgangspunkt für alle Touren in das 1925 gegründete, rund 13 000 km² große Schutzgebiet ist das Örtchen *Gustavus* [116 C3] am Südeingang der Bucht (Fährverbindung ab Juneau).

ÜBERNACHTEN

ANNIE MAE LODGE

Rustikale, ruhig gelegene Lodge mit guter Küche. *11 Zi. (2 mit Etagenbad)* | *Gustavus* | *Tel. 697-23 46* | *www.anniemae.com* | €–€€

BEAR TRACK INN
Große neue Blockhauslodge mit herrlichem Blick. Breites Angebot an Aktivitäten und Sightseeingtouren. *14 Zi. | 255 Rink Creek Rd. | Gustavus | Tel. 697-30 17 | www.beartrackinn.com | nur Vollpension | €€€*

TOUREN

GLACIER BAY LODGE & TOURS
Ganztägige Bootstouren im Park ab Bartlett Cove sowie Walbeobachtungsfahrten. Dazu ein breites Angebot mehrtägiger Touren (auch per Kajak) und Buchung der *Glacier Bay Lodge (56 Zi. | €€–€€€)*, der einzigen Unterkunft im Park selbst. *Tel. 866/761-66 34 | www.visitglacierbay.com*

AUSKUNFT

GLACIER BAY NATIONAL PARK
Bartlett Cove | Gustavus | Tel. 697-22 30 | www.nps.gov/glba/

HAINES

[116 C2] **Die Adler haben dem alten Tlingit-Ort und Fischerhafen im Nordteil des Panhandle zur Berühmtheit verholfen.** Jedes Jahr im Spätherbst sammeln sich im Tal des Chilkat River bis zu 4000 Weißkopfseeadler, um sich an einem späten Lachszug gütlich zu tun – ein einzigartiges Schauspiel für Vogelfreunde und Fotografen. Doch auch im Rest des Jahres ist das vor der dramatischen Kulisse der Coast Mountains gelegene Städtchen (1800 Ew.) recht reizvoll: Viele Adler bleiben auch im Sommer da, und Sie selbst können auf dem nahen *Chilkoot Lake* (Insider Tipp) (Campingplatz) Kanu fahren, baden – und Lachse angeln.

Haines bietet auch den schnellsten Straßenanschluss nach Norden: Über den landschaftlich eindrucksvollen *Haines Highway* kommt man auf den *Alaska Highway*.

SEHENSWERTES

FORT WILLIAM H. SEWARD
Der 1904 gegründete Armeeposten steht heute unter Denkmalschutz. Die Häuschen der Offiziers- und Mannschaftsquartiere wurden restauriert und dienen inzwischen als Restaurants und Kulturzentren. So finden Sie hier etwa im *Chilkat Center for the Arts* Werkstätten der Masken- und Totempfahlschnitzer und eine indianische Theaterbühne (im Sommer täglich Vorführungen).

ESSEN & TRINKEN

FORT SEWARD LODGE
Steaks und frische Krebse mit Blick über den Hafen und die Berge. Bar

MARCO POLO HIGHLIGHTS

★ Glacier Bay National Park
Zeitreise in die Urzeit, als dicke Eispanzer die Erde bedeckten (Seite 58)

★ Taku Glacier Lodge
Ein Aus-Flug über Gletscher und Fjorde zu einer urigen Wildnishütte (Seite 62)

★ Skagway
Einst wildeste Goldgräber-Boomtown, heute fotogener Touristenort (Seite 66)

★ Totem Bight Historical Park
Alaska pur: Totempfähle, Meer und Wald (Seite 63)

und einfaches *Motel (10 Zi.)* angeschlossen. *Fort Seward | Tel. 766-20 09 | www.ftsewardlodge.com | €€*

ÜBERNACHTEN

HÄLSINGLAND HOTEL

Schön restauriertes Hotel und B&B in zwei alten Offiziershäusern von Fort Seward. Restaurant, Bar. *60 Zi. | Fort Seward | Tel. 766-20 00 | www.hotelhalsingland.com | €€*

TOUREN

CHILKAT GUIDES

Geführte Schlauchboottouren auf dem Chilkat River durch das Schutzgebiet der Weißkopfseeadler. Auch Touren auf anderen Flüssen Alaskas. *170 Sawmill Rd. | Tel. 888/292-77 89 | www.raftalaska.com*

CHILKAT STATE PARK

Auf der Halbinsel dieses Schutzgebietes laden gute Wanderwege zu Tagestouren in der herrlichen Fjordlandschaft ein. *Südlich von Haines an der Mud Bay Rd.*

SOCKEYE CYCLE

Rad- und Kajakvermietung. Mehrtägige Radtouren ins kanadische Yukon Territory. *24 Portage St. | Tel. 766-28 69 | www.cyclealaska.com*

AUSKUNFT

HAINES VISITORS BUREAU

Infobüro an der 2nd Av. | Tel. 766-22 34 | www.haines.ak.us

JUNEAU

KARTE IN DER HINTEREN UMSCHLAGKLAPPE

[116 C3] **Eine Hauptstadt ohne Straßenanschluss an die Außenwelt – das gibt es nur in Alaska.** Und Juneau (31 000 Ew.), 1880 anlässlich eines kleinen Goldrauschs gegründet, ist bestimmt die am schönsten gelegene Hauptstadt aller US-Bundesstaaten: zu Füßen des steil aufragenden Mt. Juneau, das dunkle Wasser des Gastineau Channel vor der Haustür. Nur einen klotzigen Regierungsbau hat man sich geleistet, das *State Office*

> BLOGS & PODCASTS

Gute Tagebücher und Files im Internet

- > *www.adn.com/blogs/* – Blogseite der größten Zeitung in Alaska mit vielen News und Blogs von Hockey über Reisen bis Politik (englisch)
- > *www.forum.usa-talk.de* – Forum und Chatroom in Deutsch mit vielen Themen und Fotos über die USA und manchmal auch Alaska
- > *alaskapodshow.com* – Videocasts verschiedener Reiseziele in Alaska
- > *aprn.org* – Verbund der öffentlichen Radiostationen in Alaska mit vielen Programmen aus den Eskimo- und Indianerdörfern des Hinterlandes. Auch Livestreams, Video- und Podcasts zu Themen in Alaska (englisch)
- > *www.ktva.com* – Fernsehstation in Anchorage (Kanal 11) mit vielen News und aktuellen Videos aus dem Staat

Für den Inhalt der Blogs & Podcasts übernimmt die MARCO POLO Redaktion keine Verantwortung.

Gemütlich auf den 1090 m hohen Mt. Juneau gondeln, mit grandiosem Blick auf die Stadt

Building an der Willoughby Avenue – von dessen Insider Tipp Terrasse im 8. Stock bietet sich ein herrlicher Blick über die Stadt.

Ein buntes Durcheinander viktorianischer Häuser und moderner Zweckbauten bestimmt das Bild der Innenstadt um die *Franklin Street,* vor der im Sommer die Kreuzfahrtschiffe anlegen, von wo aus eine *Gondelbahn* auf den Berg führt und wo es im *Red Dog Saloon* und in der traditionsreichen Bar des *Alaskan Hotel* abends hoch hergeht.

SEHENSWERTES

ALASKA STATE MUSEUM

Eins der führenden Museen: Ausstellungen zur Kultur der Ureinwohner und zur Pioniergeschichte. *395 Whittier St. | tgl. 8.30–17.30 Uhr | www.museums.state.ak.us | Eintritt 5 $*

MACAULAY SALMON HATCHERY

In den Aquarien der Fischzuchtanlage werden die Wasserwelt des Nordpazifiks und die Wanderung der Lachse erläutert. *2697 Channel Dr. | Mo–Fr 10–18, Sa, So 10–17 Uhr | Eintritt 3 $*

MENDENHALL GLACIER

Das Wahrzeichen Juneaus: In breiter Front mündet der Gletscher rund 20 km nördlich der Stadt in einen kleinen See. Wanderwege. *Tgl. 8–19.30 Uhr | Visitor Center 3 $*

ESSEN & TRINKEN

THE HANGAR

Fisch und Steaks mit Blick auf den Kreuzfahrerpier. *2 Marine Way | Tel. 907/586-50 18 | €€*

ÜBERNACHTEN

PEARSON'S POND B&B

Luxuriöse Frühstückspension mit Gletscherblick. Whirlpool. *6 Zi. | 4541 Sawa Circle | Tel. 789-37 72 | www.pearsonspond.com | €€€*

SILVERBOW INN

Historisches, schön renoviertes Hotel in der Innenstadt. Sehr gutes Restaurant. *6 Zi. | 120 2nd St. | Tel. 586-41 46 | www.silverbowinn.com | €€*

TOUREN

GOLDBELT TOURS

Ganztägige Bootstouren zu den Eisbergen und Gletschern des Tracy Arm, eines Fjords südlich von Juneau. *76 Egan Dr. | Tel. 800/820-26 28 | www.goldbelttours.com*

TAKU GLACIER LODGE ★

Halbtägige Sightseeing-Exkursionen per Wasserflugzeug zu einer historischen Lodge in spektakulärer Lage. *2 Marine Way | Tel. 586-62 75 | www.takuglacierlodge.com | Preis inkl. Lachsdinner 250 $*

AUSKUNFT

JUNEAU VISITORS BUREAU

134 3rd St. | Tel. 800/587-22 01 | www.traveljuneau.com

ZIEL IN DER UMGEBUNG

ADMIRALTY ISLAND/ PACK CREEK [116 C3–4]

Die drittgrößte Insel in Südost-Alaska steht fast gänzlich unter Naturschutz: ein 4000 km² großes Wildnisparadies. Grizzlybären und Weißkopfseeadler sind häufig, in vielen Bächen laichen von Juli bis September die Lachse. Eine Kanuroute führt quer durch die Insel, die Buchten entlang der Küste kann man mit dem Kajak erkunden. Die Mündung des *Pack Creek* ist von Mitte Juli bis Ende August ganz hervorragend zur Beobachtung von Grizzlys geeignet. Insider Tipp Eine Erlaubnis *(permit)* dafür muss jedoch lange vorab beantragt werden: *US Forest Service | Tel. 586-88 00 | www.wildlife.alaska.gov*

KETCHIKAN

[117 D5] Ketchikan an der Westküste von Revillagigedo Island ist der erste Hafenort Alaskas, den man per Fähre oder Kreuzfahrtschiff von Süden her erreicht, und recht typisch für die Städtchen des Panhandle. Ein geschäftiger Fischerhafen, umrahmt von tiefgrünen Bergen, die ebenso geschäftige Front Street

Wohnen am Wasser: Die Creek Street in Ketchikan hat ihren historischen Charme bewahrt

mit Saloons, Galerien und Souvenirläden, einige Nebenstraßen, die sich die Küste entlangziehen, und ein Bach, in dem die Lachse springen.

Rund 7600 Menschen leben in Ketchikan, damit ist es nach Juneau die zweitgrößte Stadt des Südostens. Holzfällerei, Tourismus und Fischerei sind die wichtigsten Wirtschaftszweige – nicht umsonst nennt sich Ketchikan stolz die „Hauptstadt des Lachsfangs". Und es gibt einen weiteren, echten Rekord: Ketchikan ist die Regenhauptstadt Alaskas. Gut 4000 mm Niederschlag fallen hier pro Jahr. Der dichte Regenwald ringsum und das Moos auf den Dächern der Häuser bezeugen es.

In der Innenstadt um die *Front Street* und die *Mill Street* herrscht im Sommer tagsüber reger Betrieb, wenn die Passagiere einiger Kreuzfahrtschiffe losgelassen werden. Dennoch kann man entlang der malerischen Promenaden *Creek Street* und *Thomas Street,* die auf Pfählen über das Wasser gebaut sind, noch den historischen Charme des Städtchens spüren. An der Creek Street, bis vor 40 Jahren das Rotlichtviertel des Fischerortes, steht *Dolly's House (Öffnung nach Bedarf),* ein witziges Bordellmuseum. Seriöser wird die Geschichte der Stadt auf der anderen Seite des Baches, im *Tongass Historical Museum (629 Dock St. | im Sommer tgl. 8–17 Uhr | Eintritt 2 $)* behandelt.

SEHENSWERTES

TOTEM HERITAGE CENTER

Historische Totempfähle aus verlassenen Dörfern. Nebenan auf der anderen Bachseite zeigt eine Zuchtanlage den Lebenszyklus der Lachse. *601 Deermount St. | tgl. 8–17 Uhr | Eintritt 5 $*

TOTEMPFÄHLE

Das künstlerische Erbe der Tlingit-Indianer wird in Ketchikan anschaulich erhalten: Mehrere moderne Totempfähle stehen am Hafen, herrliche alte Schnitzwerke können Sie im *Saxman Park* (4 km südlich der Stadt, mit Schnitzschule und Verkaufsgalerie) bewundern. Die stimmungsvollste Anlage aber ist der ★ *Totem Bight Historical Park* (15 km nördlich am Tongass Highway), wo umrahmt von Wald an der Küste ein Clanhaus und etwa 15 bunt bemalte historische Pfähle stehen. *http://dnr.alaska.gov/parks/units/totembgh.htm*

ESSEN & TRINKEN

CAPE FOX LODGE

Elegantes Aussichtsrestaurant auf einem Hügel über der Innenstadt – mit Zahnradbahn. *800 Venetia Way | Tel. 225-80 01* | €€–€€€

ÜBERNACHTEN

ANCHOR INN BY THE SEA

Moderner B&B-Inn am Meer etwas südlich der Innenstadt. Vermittlung von B&B-Unterkünften in ganz Südost-Alaska. *3 Zi. | 4672 S. Tongass Hwy. | Tel. 247-71 17 | www.alaskatravelers.com* | €–€€

NEW YORK HOTEL

Insider Tipp

Hübsch renoviertes historisches Hotel am Hafen mit nettem Restaurant. *8 Zi. | 207 Stedman St. | Tel. 225-02 46 | www.thenewyorkhotel.com* | €–€€

AUSKUNFT

SOUTHEAST ALASKA DISCOVERY CENTER

Informationen über alle Naturschutzgebiete, Ausstellungen, Buchung von Wilderness Cabins. *50 Main St. | Tel. 228-62 20 | www.visit-ketchikan.com*

ZIELE IN DER UMGEBUNG

HYDER [117 E5]

Ein Goldgräbernest (100 Ew.) wie aus dem Bilderbuch: windschiefe Fassaden, eine staubige Main Street und einige urige Bars, rundherum eisbedeckte Berge. Das abgeschiedene Städtchen am Ende des Fjords *Portland Canal* ist von seinem kanadischen Nachbarort Stewart aus auf der Straße zu erreichen – von Ketchikan aus nur mit einem Charterflug.

> LOW BUDGET

> Die urigste und günstigste Art, die Wildnis zu erleben, sind staatliche *Public Recreation Cabins,* einfache Blockhütten für bis zu 6 Personen irgendwo an einem Fjord oder See. Schlafsack und Proviant bringt man mit, ein Boot ist oft bei der Hütte dabei. Preise: 25–45 $ pro Hütte pro Nacht. Hinzu kommen die Kosten für die Anreise per Charterflug (200–300 $) oder per Boot (100–150 $). Buchung bis zu sechs Monate vorab: *www.nps.gov/aplic/cabins/*

> Für die Fähren des *Alaska Marine Highway* wird eine vergünstigte Netzkarte angeboten: Für 160 $ können Sie (ohne Auto) mit dem „See Alaska Pass" die Strecke von Prince Rupert bis Haines oder umgekehrt reisen und bis zu drei Stopps einlegen. *www.ferryalaska.com*

MISTY FJORDS NATIONAL MONUMENT [117 E4–6]

Das gut 9000 km² große, völlig unerschlossene Schutzgebiet birgt eine spektakuläre Fjordlandschaft: 1000 m hohe Klippen, stille Bergseen und hohe Wasserfälle. *Sightseeingtouren ab Ketchikan mit Alaska Cruises (Tel. 225-60 44 | www.goldbelttours.com) oder Taquan Air (225-88 00 | www.taquanair.com)*

PETERSBURG

[117 D4] **Das touristisch wenig erschlossene 3100-Seelen-Städtchen auf Mitkof Island lebt vor allem vom Lachsfischfang, wie die vielen Konservenfabriken an der lang gezogenen Harbour Front beweisen.** Nach dem Namen zu urteilen, könnte der Ort eine russische Gründung sein, doch weit gefehlt: 1897 wurde er von norwegischen Siedlern unter Führung eines gewissen Peter Buschmann gegründet – daher Petersburg. Und man ist stolz auf die Geschichte: Manche Häuser – etwa am pittoresken *Hammer Slough* – zeigen noch heute *rosemaling,* die typisch norwegische Volksmalerei, und vor der *Sons of Norway Hall* steht ein trutziges Wikingerschiff. Südlich der Stadt verläuft die Fährroute durch die extrem schmalen *Wrangell Narrows,* einen von mehreren spektakulären Abschnitten der Inside Passage.

ÜBERNACHTEN

TIDES INN

Gutes Motel im Ortszentrum. Einige Zimmer mit Küche. Fahrradvermietung. *46 Zi. | First St./Dolphin St. | Tel. 772-42 88 | www.tidesinnalaska.com | €*

TOUREN

VIKING TRAVEL

Reservierungsbüro für Walbeobachtungsfahrten, Angelcharter und Ausflüge zum *LeConte Glacier,* dem südlichsten Gletscher Alaskas, der ins Meer mündet. *Am Hafen, 101 N. Nordic Dr. | Tel. 772-38 18 | http://alaskaferry.com*

Petersburg: Vor der Halle der Söhne Norwegens steht das Boyer Wikan Fisherman's Memorial

SITKA

[116 C4] Russland lässt grüßen: Zwar ist die ehemalige zaristische Hauptstadt Alaskas (8600 Ew.) an der Westküste von Baranof Island heute eine durch und durch amerikanische Stadt, aber man sieht sich gern als Außenposten des kolonialen Russlands. Die Shops verkaufen also Babuschkapuppen, die Folkloretruppe der „New Archangel Dancers" zeigt russische Tänze, und der Priester der detailgenau rekonstruierten *St. Michael's Cathedral* ist stolz auf seine originalen Ikonen. Und unten am Wasser steht sogar noch, original möbliert, das *Russian Bishop's House* aus dem Jahr 1842.

Vom *Castle Hill,* wo Gouverneur Alexander Baranof bei der Stadtgründung 1804 seine Residenz erbaute, bietet sich ein herrlicher Blick über die Stadt, die vorgelagerten Inseln und den Vulkan *Mt. Edgecomb.* Auf dem Castle Hill wurde 1867 auch der Kauf Alaskas beurkundet und die amerikanische Flagge erstmals aufgezogen.

SEHENSWERTES

ALASKA RAPTOR CENTER

Insider Tipp

Ein „Pflegeheim" und Aufzuchtzentrum für Weißkopfseeadler und andere Greifvögel: eine gute Gelegenheit, die herrlichen Vögel von Nahem zu betrachten. *1101 Sawmill Creek Rd. | im Sommer tgl. 8–16 Uhr | Eintritt 12 $*

SHELDON JACKSON MUSEUM

Hervorragende völkerkundliche Ausstellungen über die Ureinwohner Alaskas: Schnitzereien der Tlingit, Kajaks der Aleuten und Masken der Eskimos. Das gleichnamige College, auf dessen Gelände das Museum steht, ist übrigens die älteste Schule Alaskas. *104 College Dr. | im Sommer tgl. 9–17 Uhr | Eintritt 4 $ | www.museums.state.ak.us*

SITKA NATIONAL HISTORICAL PARK

Totempfähle erinnern in der großen Parkanlage an das alte Dorf der Tlingit-Indianer, das 1804 von den Russen zerstört wurde. Dem Visitor Center angeschlossen ist eine *Schnitzwerkstatt,* in der Sie indianischen Künstlern zusehen können. *Ostende der Lincoln St. | tgl. 8–17 Uhr | Eintritt 4 $*

ÜBERNACHTEN

CASCADE INN

Solides Mittelklassehotel direkt am Wasser am Nordrand der Stadt. Bootsvermietung für Angler. *10 Zi. | 2035 Halibut Point Rd. | Tel. 747-68 04 | www.cascadeinnsitka.com | €€*

TOUREN

SITKA'S SECRETS

Bootstouren in Kleingruppen zur Beobachtung von Ottern, Walen, Vogelkolonien und Adlern. *500 Lincoln St. | Tel. 747-50 89 | www.sitkasecret.com*

AUSKUNFT

SITKA VISITORS BUREAU

Infobüro im Centennial Building am Hafen | Tel. 747-59 40 | www.sitka.org

SKAGWAY

[116 C2] ★ Skagway, der nördlichste Hafenort der Inside Passage, war vor 100 Jahren das Ziel der Goldgräber und hatte

> WEISSKOPFSEEADLER

Der Wappenvogel der USA

Alaska ist die letzte große Bastion der amerikanischen Weißkopfseeadler: Gut 50 000 leben an Küsten und Seen. Die stolzen Tiere sind mit mehr als 2 m Flügelspannweite die größten Raubvögel Nordamerikas. Sie werden an die 40 Jahre alt und bleiben ihrem Partner ein Leben lang treu. Ihren weißen Kopf bekommen sie erst im Alter von 5 Jahren mit der Geschlechtsreife. Sie nisten in großen Horsten auf alten Bäumen oder in Felswänden. Auf eine ihrer Lieblingsspeisen, Lachse, ist die größte Ansammlung der Adler zurückzuführen: Von Ende Oktober bis Januar drängen sich am Chilkat River bei Haines bis zu 4000 Tiere – ein einzigartiges Schauspiel für Ornithologen und Fotografen.

damals mehr als 20 000 Ew. Jedoch nur kurz, denn die Abenteurer mussten von hier im Winter über den schwierigen Chilkoot Pass, um zum Frostaufbruch auf dem Yukon River weiter zum Klondike ziehen zu können. Skagway muss ein wildes Städtchen gewesen sein: ein kunterbuntes Durcheinander von Läden und Saloons, Freudenhäusern und Pferdeställen. Die berüchtigte Bande des Soapy Smith nahm gutgläubigen Neuankömmlingen ihr Geld ab, und Schießereien waren an der Tagesordnung. Sogar eine Eisenbahn wurde 1900 von Skagways Hafen am Ende des Lynn Canal nach Whitehorse im kanadischen Yukon Territory gebaut. Doch schon nach drei Jahren war der Goldrausch vorüber – Skagway überlebte nur als kleine Bahnstation für Erztransporte. 1981 wurde eine Straße über den White Pass nach Yukon gebaut, sodass man nun auf den Spuren der Goldgräber ins Landesinnere reisen kann.

Heute leben in dem malerisch zwischen Bergen eingekeilten Ort wieder rund knapp 900 Menschen, ein neuer Boom hat eingesetzt: Tourismus. Nostalgie ist Trumpf, wie die restaurierten Bauten am *Broadway,* der Hauptstraße Skagways, beweisen. Tagtäglich legen im Sommer große Kreuzfahrtschiffe im Hafen an, und ein Strom von Tagesbesuchern ergießt sich über die Stadt und ihre Souvenirshops. Trotz des Rummels: Ein Bummel zu den Stätten des Goldrauschs lohnt sich. Im *Visitors Bureau* am Broadway ist eine *walking tour map* erhältlich, die alle historischen Bauten zeigt – bis hin zum *Goldgräberfriedhof,* auf dem auch Soapy Smith liegt. Er starb standesgemäß durch eine Kugel.

SEHENSWERTES

KLONDIKE GOLD RUSH NATIONAL HISTORICAL PARK

Ausgezeichnete Ausstellungen über die Goldgräberzeit im alten Bahnhof.

Skagway: nostalgischer Hafenort im wilden Norden

Filmvorführungen. Geführte Rundgänge. *Broadway/2nd Av.* | *im Sommer tgl. 8–18 Uhr* | *Eintritt frei* | *www.nps.gov/klgo/*

TRAIL OF '98 MUSEUM
Ein witziges Sammelsurium von Relikten der Goldgräber. Schöne historische Fotos. *Im Obergeschoss des Rathauses an der 7th Av. | im Sommer Mo–Fr 9–17, Sa, So 13–16 Uhr | Eintritt 2 $*

ESSEN & TRINKEN

Insider Tipp **STOWAWAY CAFE**
Exzellenter Fisch, teilweise mit feurigen Cajun-Gewürzen. Abends ruhiger, da direkt am Kreuzfahrthafen gelegen. *205 Congress Way | Tel. 983-34 63 |* €€

EINKAUFEN

Ob T-Shirt oder Goldnugget, wer in den Läden am Broadway nicht fündig wird, macht etwas falsch – auch wenn es manchmal schwer ist, Schönes zwischen all dem Kitsch zu entdecken. Einen Blick verdienen die Ausstellungen von Walrosselfenbein bei *Corrington's (Broadway/5th Av.)* und die Mokassins und Rentierhandschuhe von *Skagway Mercantile (Broadway/2nd Av.)*.

ÜBERNACHTEN

CHILKOOT TRAIL OUTPOST
Moderne Holzlodge mit acht zünftigen und komfortablen Blockhütten; ideal auch für Wanderer auf dem Chilkoot Trail. *8,5 Mile, Dyea Rd. | Tel. 983-37 99 | www.chilkoottrailoutpost.com |* €–€€

HISTORIC SKAGWAY INN
Stimmungsvolles B&B-Inn in einem originalen Bordell von 1897. Gutes Restaurant. *12 Zi. | Broadway/7th Av. | Tel. 983-22 89 | www.skagwayinn.com |* €€

TOUREN

CHILKOOT TRAIL
53 km führt der legendäre Pfad der Goldgräber von *Dyea* über den 1067 m hohen Chilkoot Pass nach *Bennet* im kanadischen Yukon Territory – heutzutage eine beliebte Wanderung. Zeitbedarf: etwa vier Tage. Auskunft über die nötigen *permits* vorab bei *Klondike Gold Rush National Historical Park (P. O. Box 517 | Skagway, AK 99840 | Tel. 983-92 00, im Winter Tel. 983-29 21 | www.nps.gov/klgo)*.

AM ABEND

RED ONION SALOON
Eine Institution mit schöner alter Bar und Livemusik. Tagsüber Kreuzfahrttouristen – die *locals* kommen abends. *Broadway/2nd Av.*

AUSKUNFT

SKAGWAY VISITORS BUREAU
Broadway, P. O. Box 1029 | Skagway, AK 99840 | Tel. 983-28 54 | www.skagway.com

ZIEL IN DER UMGEBUNG

WHITE PASS & YUKON ROUTE [116 C1]
Ein Leckerbissen für Bahnfans: Wie anno 1900 schnauft die historische Schmalspurbahn den *White Pass* hinauf ins kanadische Yukon Territory. Buszubringer nach Whitehorse. *231 2nd Av. | Tel. 800/343-73 73 | www.wpyr.com*

WRANGELL

[117 D4] **Der bereits 1834 von den Russen gegründete Fischer- und Handelsort (2300 Ew.) ist vom Tourismus noch kaum entdeckt.** Verträumt liegt er, umrahmt von grünen Bergen und herrlichen Fjorden, nahe der Mündung des mächtigen Stikine River. Nur im kleinen Hafen geht es den ganzen Tag geschäftig zu. Von hier laufen die Tourboote aus, mit denen man ins breite Flussdelta vordringen kann, um Elche, Robben und Adler zu beobachten.

Im Ort selbst sind das kleine, aber gehaltvolle *Wrangell Museum (geöffnet nach Bedarf)* zur Geschichte der Region sehenswert sowie *Chief Shakes Island,* eine kleine Insel im Hafen, auf der ein reich verziertes Clanhaus der Tlingit-Indianer rekonstruiert wurde. Bei einem Bummel am *Petroglyph Beach* kann man auf den dunklen Felsen zahlreiche uralte Ritzzeichnungen entdecken, und am *Hafenpier* verkaufen die Kinder des Ortes Granatkristalle.

ÜBERNACHTEN

ROONEY'S ROOST B&B

Sechs saubere, gemütliche Zimmer und viel alaskische Herzlichkeit. *206 McKinnon St. | Tel. 874-20 26 | www.rooneysroost.com | €*

AUSKUNFT

WRANGELL VISITOR CENTER

P. O. Box 1350 | Wrangell, AK 99929 | Tel. 874-23 81 | www.wrangell.com

ZIEL IN DER UMGEBUNG

ANAN CREEK [117 D5] Insider Tipp

Von Mitte Juli bis September kommen zahlreiche Grizzlys und Schwarzbären an diesen Bach zum Lachsefischen. Ein *permit* ist nicht nötig, es gibt geführte halbtägige Touren ab Wrangell mit z. B. *Alaska Waters | Tel. 874-23 78 | www.alaskawaters.com | knapp 60 km südlich*

Nach dem Einlaufen in Skagway ist der Red Onion Saloon Anlaufstelle der Kreuzfahrttouristen

> WO ALLE STRASSEN ENDEN

Wilde Natur, einsame Tundra und windumtoste Inseln – jede Reise muss sorgfältigst geplant sein

> Die Alaskaner sagen zum riesigen, weitgehend menschenleeren Hinterland ihres Staates einfach *bush* und meinen damit all jene Orte, Inseln und Regionen, die nicht auf Straßen zu erreichen sind. Und das ist der allergrößte Teil ihres Landes.

Von der weit in den Nordpazifik hinausragenden Inselkette der Aleuten über die immensen Marsch- und Seenlandschaften des Yukon-Deltas, die steinigen Küsten an der Bering-Straße und die Gipfel der Brooks Range reicht dieses gewaltige Busch-Alaska weit hinauf in die kargen arktischen Tundraebenen am Polarmeer.

Überall wilde Naturlandschaften, in denen der Mensch noch kaum in die Balance der Ökosysteme eingegriffen hat und die heute glücklicherweise unter Schutz stehen: Karibuherden von mehreren Hunderttausend Tieren durchstreifen die Täler des *Kobuk Valley National Park* wie seit Jahrtausenden. Millionen von

Bild: Braunbär im Katmai National Park

BUSCH-ALASKA

Wasservögeln kommen jeden Sommer ins *Yukon Delta National Wildlife Refuge,* um dort zu brüten. An den Lachsflüssen im *Katmai National Park* und auf *Kodiak Island* drängeln sich die riesigen Braunbären Alaskas und beachten die staunenden Menschlinge kaum, die sie in ihrem Reich besuchen.

Mit seinen wilden Flüssen, Bergen und Küsten ist Busch-Alaska ein letztes Paradies dieser Erde, ein Paradies für Naturliebhaber, Vogelfreunde und Wildnisfreaks. Doch einfach so zum Sightseeing zu reisen ist schwierig – und teuer. In manche Gebiete kann und sollte man nur auf geführten Touren vordringen – nicht zuletzt, um die ursprüngliche Natur auch so zu belassen. Andere Regionen kann man – nach sorgfältiger Planung, mit guter Ausrüstung und in bester Kondition – auch auf eigene Faust erforschen. Die vielfach angebotenen (teuren) Kurztrips sind mit Vorsicht zu genießen: Ein dreitägiger Besuch auf den Pribilofs oder bei den Bären von Katmai und Kodiak ist durchaus ein spektakuläres Erlebnis.

Bärensichere Unterkunft auf einem Campingplatz im Katmai-Nationalpark

Eine Eintagestour etwa nach *Barrow* am Polarmeer verkommt dagegen zu Voyeurismus und touristischer Massenware. Nur wenn man mehrere Tage bleiben würde, könnte man in diesen tristen Eskimodörfern am Rand der Welt einen Hauch von Verständnis entwickeln für die Menschen und ihre Probleme. Der Verfall ihrer traditionellen Kultur und der Sinnverlust in ihrem Leben haben die Ureinwohner dieses herrlichen Landes schwer getroffen.

ALEUTIAN ISLANDS

[0] **Von der Südspitze der Alaska Peninsula spannt die vulkanische Aleutenkette einen 1600 km langen Bogen bis fast nach Sibirien.** Regen, Nebel und Stürme bestimmen das Klima auf den rund 200 Inseln an der Grenze zwischen Pazifik und Bering-See. Nur vier der Eilande sind heute besiedelt, nachdem zuerst die Russen die aleutischen Ureinwohner verschleppten und später, im Zweiten Weltkrieg, die US-Army die übrige Bevölkerung umsiedelte, als die Japaner zwei Inseln okkupierten. Mit 4000 Ew. (im Sommer) ist *Unalaska/Dutch Harbor* die größte Siedlung und der wichtigste Hafen für den reichen Fischfang in der Bering-See. Fast die gesamte Inselkette ist Vogelschutzgebiet – und sehr schwer zu bereisen. Nur einmal im Monat fährt ein Schiff des *Alaska Marine Highway* von Homer nach Dutch Harbor.

GATES OF THE ARCTIC NATIONAL PARK

[0] **34 000 km^2 unberührte Bergwildnis, keine Straße, kein Wanderweg – der größte Nationalpark im Norden Alaskas umfasst einen maßgeblichen Teil der bis auf 2600 m aufragenden *Brooks Range*.** Im – leider arg kurzen – Sommer überzieht ein Teppich von Wildblumen die Tundra, im Herbst ziehen die Karibus durch die Täler nach Süden, und dann herrscht für acht Monate

wieder eisiger Winter. Ausgangspunkte für alle Touren sind die beiden Winzlingsorte *Bettles* und *Anaktuvuk Pass*. Machbar sind vor allem Kanu- und Raftexpeditionen auf Wildnisflüssen wie dem Alatna, dem Koyukuk und dem Noatak River.

TOUREN

BETTLES LODGE

Rustikale Lodge; geführte und individuelle Wander- und Raftingtouren im Park und in der Wildnis ringsum. *P. O. Box 27 | Bettles | AK 99726 | Tel. 692-51 11 | www.bettleslodge.com*

AUSKUNFT

GATES OF THE ARCTIC NP, APLIC

101 Dunkel St. | Fairbanks | Tel. 459-37 30 | www.alaskacenters.gov

KATMAI NATIONAL PARK

[115 D–F 2–3] ★ **Das 16000 km² große Schutzgebiet auf der Alaska Peninsula wurde nach einem gewaltigen Vulkanausbruch 1912 geschaffen.** 200 m hoch wurde die Region nördlich des Novarupta-Kraters von einer Ascheschicht überdeckt, aus der es noch lange schwefelig dampfte – das spektakuläre *Valley of Ten Thousand Smokes* war geboren (geführte Bustouren und gute Wandermöglichkeiten). Daneben ist der Park aber auch wegen seiner Braunbären berühmt, die zu Dutzenden entlang der Küste und am Brooks River nach Lachsen fischen. Von einer Aussichtsplattform an den *Brooks Falls* lassen sich die zotteligen Muskelpakete herrlich beobachten. Damit der Besuch auch gefahrlos bleibt, geben die Park Rangers allen Touristen strikte Lektionen im Verhalten den Bären gegenüber. Allerdings muss ein Aufenthalt in der *Brooks Lodge (16 Zi. | www.katmailand.com | €€€)* nahe der Fälle lange vorab (am besten übers Reisebüro) reserviert werden, doch auch Tagestouren von Anchorage aus sind möglich.

AUSKUNFT

KATMAI NATIONAL PARK

P. O. Box 7 | King Salmon | AK 99613 | Tel. 246-33 05 | www.nps.gov/katm/

KODIAK ISLAND

[115 E–F 3–4] **Nur der dicht bewaldete Nordteil von Alaskas größter Insel ist mit einigen Straßen erschlossen, und zwar**

MARCO POLO HIGHLIGHTS

★ **Nome**
Der wildeste Goldgräberort diesseits von Sibirien (Seite 75)

★ **Pribilof Islands**
Zu Besuch bei Pelzrobbenkindern und bei unzähligen Zugvögeln (Seite 75)

★ **Tour zu den Kodiak-Bären**
Bären und Lachse: Schöner kann auch kein Dokumentarfilm sein (Seite 74)

★ **Katmai National Park**
Eine vulkanische Urlandschaft aus Asche: riesige Bären inklusive (Seite 73)

rund um die Hauptstadt *Kodiak* (6500 Ew.), einen geschäftigen, 1784 von den Russen gegründeten Hafenort. Fast der gesamte Rest der 9300 km² großen gebirgigen Insel ist ein Wildnisschutzgebiet mit großen Tundraflächen – und rund 3000 Braunbären, den bis zu 800 kg schweren *Kodiak Bears,* den größten Landraubtieren der Welt. Mehrere Chartergesellschaften bieten eine ★ *Tour zu den Kodiak-Bären* an, die sich im Sommer an den Lachsflüssen sammeln: z.B. *Sea Hawk Air (Tel. 486-82 82).*

In Kodiak erläutert das *Baranof Museum (im Sommer Mo–Sa 10–16, So 12–16 Uhr)* im ehemaligen Pelzlagerhaus die russische Geschichte der Stadt, das *Alutiq Center (geöffnet nach Bedarf)* zeigt Kajaks und Flechtwaren aus der aleutischen Kultur der Insel. Im Insider Tipp *Fort Abercrombie State Park* gibt es neben einem schönen Campingplatz Wanderwege entlang der Felsküste.

AUSKUNFT

KODIAK ISLAND VISITORS BUREAU
100 Marine Way | Kodiak | Tel. 486-47 82 | www.kodiak.org

KOTZEBUE

[O] Das uralte Eskimodorf auf einer flachen Halbinsel an der Bering-Straße liegt fast exakt am Polarkreis. 1816 stieß Otto von Kotzebue, deutscher Seefahrer und Forscher in russischen Diensten, auf diese Siedlung, die später nach ihm benannt wurde. Rund 3100 Menschen leben heute hier. Kotzebue ist Sprungbrett für Kajakfahrten entlang der Küste, für Wildnistouren in den abseits gelegenen *Kobuk Valley National Park* und Raftfahrten auf dem Noatak River. Interessant ist das *Nana Museum of The Arctic (Mai–September zu Führungen geöffnet | Eintritt 25 $),* ein Ausstellungs- und Kulturzentrum der Inupiat-Eskimos.

Tanztradition der Inupiat, vorgeführt im Nana Museum of The Arctic in Kotzebue

NOME

[O] ★ **Ein Durcheinander von Westernfassaden und Fertighäusern, dazu eine ebenso bunte Mixtur von Eskimos und Weißen – das raue 3500-Seelen-Städtchen ist von allen Buschorten der Arktis der interessanteste.** 20 000 Goldgräber lebten hier um 1900, nachdem im schwarzen Sand am Ufer des Norton Sound Gold entdeckt worden war. Noch heute zeugen die Gerippe alter Waschanlagen *(dredges)* vom damaligen Boom. Das *Carrie McLain Museum (im Sommer tgl. 9.30–17.30 Uhr)* in der städtischen Bibliothek illustriert die wilde Zeit.

ÜBERNACHTEN

NOME NUGGET INN

Sauberes, rustikales Hotel direkt am Meer. Restaurant. *47 Zi. | Front St. | Tel. 443-41 89 | www.nomenuggetinn.com* | €€

AM ABEND

Nightlife hat Tradition in Nome – aber es kann rau werden. Probieren Sie mal den *Board of Trade Saloon* an der Front Street – aber halten Sie sich bloß aus Streit raus.

Insider Tipp

AUSKUNFT

NOME VISITORS BUREAU

P. O. Box 240 | AK 99762 | Tel. 443-66 4 | www.nomealaska.org

PRIBILOF ISLANDS

[O] ★ ***Saint George* und *Saint Paul*, die beiden winzigen, weit abseits gelegenen Inseln inmitten der Bering-See, sind ein legendäres Tierparadies – eine Art Galapagos des Nordens.** Ein russischer Pelzhändler entdeckte die Inseln 1768. Hunderttausende von Pelzrobben bringen im Juli an den Kiesstränden der Inseln ihre Jungen zur Welt. Vogelfreunde können in den Steilklippen Kolonien von mehr als zwei Millionen Seevögeln bewundern, Lummen, Alke, Möwen und 200 Zugvogelarten.

Camping ist nicht erlaubt. Die einzige Möglichkeit, die von aleutischen Fischern bewohnten Inseln zu besuchen, besteht im Rahmen von mehrtägigen geführten Touren mit Übernachtung im einzigen Inselhotel von Saint Paul, wie sie zahlreiche Veranstalter anbieten.

> LOW BUDGET

- > Fliegen ist teuer, gerade im Norden. Ein günstiger Tipp zum Sightseeing sind Postflüge. Bei diesen *Bush Mail Flights* geht es um 8 Uhr in Fairbanks los, und man fliegt zu zwei bis vier Eskimodörfern in der Wildnis. Sightseeing in den Dörfern gibt es nicht, aber man ist einen halben oder ganzen Tag über der grandiosen Landschaft Nord-Alaskas unterwegs. Kosten ca. 260 $. Buchung z. B. bei *Warbelows's Air Ventures | www.warbelows.com*
- > Völlig kostenlos ist das himmlische Spektakel der Nordlichter. Im Nordwesten Kanadas und im Norden Alaskas ist die Aurora Borealis besonders häufig. Nur nicht bei Mitternachtssonne. Aber ab August, wenn es wieder dunkler wird, tanzen die Lichter über den Himmel.

> AUF JACK LONDONS SPUREN

Der Ruf der Wildnis ist nirgendwo deutlicher zu vernehmen als im kanadischen Yukon Territory

> Für Romantiker und Abenteurer ist Yukon (die offizielle Bezeichnung lautet Yukon Territory) in der äußersten Nordwestecke Kanadas das schönste Ziel des Nordens. Hier liegen die Schauplätze des größten Goldrauschs aller Zeiten: *Dawson City* und der *Klondike*.

Hunderttausende Abenteurer aus aller Welt machten sich um die Wende zum 20. Jh. zu den Goldfeldern des Nordens auf. Doch nach wenigen Jahren war der Rausch vorbei, es blieben nur Erinnerungen. Jack London und Robert Service, der „Barde des Klondike", haben den großen Goldrausch vor 100 Jahren in Romanen und Gedichten verewigt, Charlie Chaplin drehte sogar einen Filmklassiker darüber.

Goldgräbernostalgie können Sie in Yukon noch heute reichlich erleben, doch daneben gibt es auch viel Wildnis und grandiose Landschaft zu entdecken. Im Süden ragen die St. Elias

Bild: Alaska Highway bei Whitehorse

YUKON

Mountains auf mit Kanadas höchstem Berg, dem 5959 m hohen *Mt. Logan.* Wie eine mächtige Barriere schirmen sie das Landesinnere vor den Wolken des Pazifiks ab und sorgen für beständig sonniges Wetter. Im weiten Norden wird die Tundralandschaft immer wieder von Mittelgebirgen durchbrochen, durch deren Täler wie seit Urzeiten riesige Karibuherden ziehen. Nur der Südteil des 483 000 km² großen Yukon ist erschlossen, dort leben die meisten der etwa 31 000 Ew. – zwei Drittel davon in der einzigen größeren Stadt, der Hauptstadt *Whitehorse.* Die gut 6000 Dene-Indianer der Region wohnen zumeist weit verstreut im Hinterland.

Wichtigste Verkehrsverbindung ist nach wie vor der – heute vollständig asphaltierte – Alaska Highway, der 1942 in nur acht Monaten von der US-Army in Zusammenarbeit mit den Kanadiern gebaut wurde. Von ihm ausgehend führen Wildnisstraßen ins Hinterland: die Canol Road etwa in die einsamen Mackenzie Mountains, der Klondike Highway zum historischen Goldgräberland Jack Londons um Dawson City und nach Süden zum alaskischen Hafen Skagway.

Cancan fast wie im Moulin Rouge: Diamond Tooth Gertie's Gambling Hall in Dawson City

Aber Sie müssen nicht nur auf den Highways bleiben: Eine gemütliche, knapp einwöchige Paddeltour auf dem *Yukon River* von Whitehorse nach Dawson City, eine Wanderung auf den Spuren der Goldgräber über den *Chilkoot Pass* oder eine spritzige Wildwasserfahrt im *Kluane National Park* zeigen Ihnen die Natur des Yukon Territory von ihrer schönsten Seite.

DAWSON CITY

[112 A2] ★ **Die Goldgräberzeit lebt fort in dieser Fast-Geisterstadt (2000 Ew.), die einst als „Paris des Nordens" gefeiert wurde.** Rund 30 000 Menschen wohnten zur Zeit des Klondike Gold Rush um 1900 in der Stadt: Abenteurer, Tanzmädchen, Ingenieure, Saloonbesitzer. Bis heute prägen Brettergehsteige und verwitterte Holzfassaden im Wildwestlook das Stadtbild Dawsons. In der *Diamond Tooth Gertie's Gambling Hall* tanzen Cancan-Girls, und im *Palace Grand Theatre* werden Melodramen aufgeführt.

Viele der renovierten alten Bauten können besichtigt werden, so etwa das *Postamt* an der King Street, die verblüffend elegante *Commissioners Residence, Harrington's Store* an der 3rd Avenue (Fotoausstellung) oder auch der historische *Schaufelraddampfer SS Keno* am Ufer des Yukon River. Der schönste Blick über die Stadt bietet sich vom *Midnight Dome,* einem Hügel, auf den eine gewundene Schotterstraße führt.

SEHENSWERTES

DAWSON CITY MUSEUM

Mit historischen Fotos und allerlei Bergbaugerät wird die große Ära der Stadt nachgezeichnet. Jeden Tag gibt es Diashows sowie Vorführungen von historischen Filmen. *5th Av./ Church St. | im Sommer tgl. 10–18 Uhr | Eintritt kan 9 $*

JACK LONDON CABIN

Rekonstruierte Hütte des Schriftstellers aus seiner Zeit (1897/98) am Klondike; historische Ausstellungen. *First St./8th Av. | Mai–Sept. tgl. 10–*

> www.marcopolo.de/alaska

18 Uhr | Lesungen meist 13 Uhr | Eintritt 2 kan $

ESSEN & TRINKEN

Insider Tipp **BOMBAY PEGGY'S**

Im alten Bordell Dawsons geht es hoch her – heute allerdings nur um den Zapfhahn der beliebten Kneipe. Wenn der Abend zu lang wird, gibt's im Obergeschoss sechs Zimmer zu mieten. *Princess St./2nd Av. | Tel. 867/993-69 69 | www.bombaypeggys.com* | €€

KLONDIKE KATE'S

Gemütliches altes Lokal mit Terrasse. Große Speisekarte und guter Kaffee. *3rd. Av./King St. | Tel. 867/993-65 27* | €€

ÜBERNACHTEN

AURORA INN

Moderne, blitzblanke Pension im historischen Look, gut gelegen in der Altstadt. *20 Zi. | 5th St./Harper Av. | Tel. 867/993-68 60 | www.aurorainn.ca* | €–€€

AUSKUNFT

VISITOR RECEPTION CENTRE

Das Besucherzentrum bietet eine Diashow und Stadtführungen. *Front St./King St. | Tel. 867/993-55 66 | www.dawsoncity.org*

ZIELE IN DER UMGEBUNG

BONANZA CREEK [112 B2]

In diesem Seitental des Klondike River wurde im August 1896 das erste Gold entdeckt. Gewaltige Schutthalden und eine riesige alte Goldwaschanlage, die *Dredge No. 4*, zeugen von den Anstrengungen der Goldgräber.

TOP OF THE WORLD/ TAYLOR HIGHWAY [111 E1–2]

Die schönste Verbindung zwischen Alaska und Yukon: 270 km Panoramafahrt über einsame Bergkuppen, durch grüne Täler, Goldgräberreviere und unendliche Wälder. Nur ein einziger „Ort" liegt am Wegesrand, das alte Bergbaunest *Chicken* mit offiziell 17 Ew. *Die Straße ist nur vom 15. Mai bis 15. Sept. geöffnet*

DEMPSTER HIGHWAY

[109 E–F 3–6, 112 B1] ★ **Über ungefähr 700 km führt diese Wildnisstraße von Dawson City nordwärts über den Polarkreis bis ins Mackenzie-Delta.** Nur zwei winzige Indianerdörfer und eine Tankstelle findet man auf der gesamten Strecke am Wegesrand, sonst nichts als arktische Wildnis: Taigalandschaften zu Anfang der Strecke,

MARCO POLO HIGHLIGHTS

★ **Kluane National Park**
Kanadas höchster Berg, Gletscher und traumhafte Seenlandschaften (Seite 80)

★ **„SS Klondike II"**
Eine stolze Lady der Yukon-Schifffahrt (Seite 82)

★ **Dempster Highway**
700 km Wildnisstraße von Dawson City über den Polarkreis bis Inuvik (Seite 79)

★ **Dawson City**
Die Stadt am Klondike bewahrt den rauen Charme der Pionierzeit (Seite 78)

bis weiter nördlich in den *Richardson Mountains* die Piste durch Tundra mit zahllosen Wildblumen verläuft. Besonders schön ist die Fahrt zur Zeit der Herbstfärbung Anfang September. Endpunkt der Strecke ist *Inuvik*, wo die Häuser bunt wie Ostereier sind. Rund 3000 Menschen – Inuit, Dene und Weiße – leben hier am Ostrand des gewaltigen *Mackenzie-Deltas* und machen dem Ortsnamen „Platz des Menschen" alle Ehre. Sehenswert ist die in Igluform gebaute Kirche.

ÜBERNACHTEN

Insider Tipp

ARCTIC CHALET

Gemütliche B&B-Herberge bei einer Schlittenhundezüchterin außerhalb von Inuvik am Highway 8. *7 Zi. u. Hütten | Tel. 867/777-35 35 | www.arcticchalet.com* | €–€€

>LOW BUDGET

- Dieter Reinmuth, ein deutscher Weltenbummler, führt das nördlichste Hostel in Kanada: das *Dawson City River Hostel.* Für 18–22 kan $ werden auf der ruhigen Westseite des Yukon River einfache Betten in Blockhütten vermietet und Plätze fürs eigene Zelt. *Dawson City | Tel. 867/993-68 23 (nur im Sommer) | www.yukonhostels.com*
- Alternative Szene, Wohnmobil-Urlauber, Kanufahrer, das ist das Publikum in der *Alpine Bakery* in *Whitehorse.* Zu vernünftigen Preisen gibt es Öko-Muffins und -Brot als Proviant – oder für sofort mit einem Caffé Latte. *411 Alexander St. | Tel. 867/668-68 71 | www.alpinebaker.ca*

EAGLE PLAINS HOTEL

Die einzigen zu mietenden Betten im Umkreis von 300 km: ein sauberes Containerhotel mit Restaurant und Bar. *32 Zi. | bei km 371 | Tel. 867/993-24 53* | €€

TOUREN

ARCTIC NATURE TOURS

Flugexkursionen in das Mackenzie-Delta, nach Herschel Island und in die Nationalparks des nördlichen Yukon Territory. *P. O. Box 1190 | Inuvik, Canada | Tel. 867/777-33 00 | www.arcticnaturetours.com*

KLUANE NATIONAL PARK

[112 A–B 4–5] ★ Der winzige, bergumrahmte Ort *Haines Junction* [112 B5] am Alaska Highway ist Ausgangspunkt für Touren in den 22 000 km² großen *Kluane National Park.* Die noch völlig unerschlossene Bergwildnis an der Grenze zu Alaska ist heute ein Unesco-Welterbe. Dort, in den eisbedeckten St. Elias Mountains, liegt der *Mt. Logan* (5959 m). Der Alaska Highway folgt am Nordrand des Parks dem Ufer des 400 km² großen *Kluane Lake,* von dem aus ein Netz von Wanderwegen aller Schwierigkeitsgrade die Vorberge der Kluane Ranges durchzieht. Im Ostteil des Parks, ausgehend vom Haines Highway, finden Sie am *Lake Kathleen* Campingplätze und ausgedehnte Wanderwege. Nahebei am Highway 3 liegt das traditionelle Angelcamp *Klukshu,* wo die Tutchone-Indianer

Insider Tipp

im Juli und August Lachse fangen und räuchern. Auf Anfrage im Dorfladen kann man manchmal auch solche Lachse bekommen.

ÜBERNACHTEN

THE CABIN B&B

Fünf Blockhütten am Ostrand des Nationalparks. 40 km südlich von Haines Junction. *P. O. Box 5334 | Haines Junction | Tel. 867/634-26 26 | www.thecabinyukon.com* | €

TOUREN

PADDLE WHEEL ADVENTURES

Vermietung von Mountainbikes und Kanus, Vermittlung von Sightseeingflügen und Raftingtouren; auch geführte Wanderungen. *P. O. Box 2079 | Haines Junction, Canada | Tel. 867/634-26 83 | www.paddlewheeladventures.com*

AUSKUNFT

KLUANE NATIONAL PARK

Besucherzentren in Haines Junction und bei Sheep Mountain am Alaska Highway. *Tel. 867/634-72 50 | www.parkscanada.ca*

Nun ist der Winter nicht mehr weit: Indian Summer am Lake Kathleen im Kluane National Park

WHITEHORSE

[112 C5] **Auf einer breiten Uferbank am Yukon River dehnt sich die geschäftige Hauptstadt (21 000 Ew.) des Yukon Territory.** Supermärkte, Motels, Restaurants und moderne Bauten drängen sich in der Innenstadt um die Main Street – Zivilisation mitten in der Wildnis. Der Ort entstand 1898, als Tausende von Goldsuchern mit Flößen und selbst gebauten Booten durch den Miles Canyon oberhalb der heutigen Stadt kamen, um zu den Goldfeldern am Klondike zu ziehen. Aber erst nach dem Bau des Alaska Highway wurde Whitehorse 1953 zur Hauptstadt des Yukon Territory erklärt.

Aus touristischer Sicht ist die Stadt heute vor allem ein Versorgungspunkt, der aber auch einige historische Sehenswürdigkeiten bieten kann. Auf den Schmalspurschienen der im Jahr 1900 erbauten *White Pass & Yukon Railway* dampft im Sommer ein Ausflugszug von der kanadischen Grenze (Buszubringer von Whitehorse) durch die Coast Mountains zum Goldgräberhafen *Skagway* in Alaska, wo der Wanderweg über den berühmten *Chilkoot Pass* beginnt.

SEHENSWERTES

MACBRIDE MUSEUM

Historische Fotos und Goldgräbergerät illustrieren die bewegte Geschichte der Stadt. *1st St./Wood St. | im Sommer tgl. 10–18 Uhr | Eintritt 6 kan $*

SS KLONDIKE II ★

Nostalgie pur: ein restaurierter, auf dem Trockenen liegender Schaufelraddampfer aus der Blütezeit der Yukon-Schifffahrt, der die „gute alte Zeit" lebendig werden lässt. *2nd Av./Yukon River | im Sommer tgl. 9–18 Uhr Führungen | Eintritt 6 kan $*

YUKON TRANSPORTATION MUSEUM

Schneeschuhe, Hundeschlitten, Flugzeuge und alte Jeeps veranschaulichen die Eroberung des Nordens. *Alaska Hwy., am Flughafen | im Sommer tgl. 10–18 Uhr | Eintritt 6 kan $*

ESSEN & TRINKEN

SAM 'N ANDY'S ▶▶

Guter Mexikaner mit beliebter Terrasse und viel junger Szene. *506 Main St. | Tel. 867/668-69 94 |* €–€€

ÜBERNACHTEN

HIGH COUNTRY INN

Gehobene Mittelklasse, zentrale Lage – und eine sehr beliebte (Bier-) Bar mit Terrasse, die *Yukon Mining Company*. Insider Tipp *84 Zi. | 4051 4th Av. | Tel. 867/667-44 71 | www.highcountryinn.yk.ca |* €€

> DIE STÄNDIGEN BEGLEITER

Was ist zu tun gegen Moskitos?

Auf jeder Wanderung sind sie dabei, in jedem Zelt oder Camper ist ihr Sirren zu hören. Blutgierige Moskitos werden im Hochsommer in den Wäldern, an Seen und in Sumpfgebieten Ihre ständigen Begleiter sein. Was tun? Locker sitzende Kleidung hilft. Dicke Holzfällerhemden und weite Jeans. Durch eng anliegende Hosen stechen die Biester glatt hindurch. Draußen im Busch verspricht nur ein Moskitonetz Rettung, das vom Hut über Gesicht und Hals herabhängt. Alle frei liegenden Körperteile – auch die nur durch Socken geschützten Fußknöchel – sollten Sie mit einem Mittel aus dem Drugstore besprühen. Ein Fläschchen *Off, Muskol* oder *Cutter* schützt Sie vor der Gier der Blutsauger.

Die SS Klondike II transportierte von 1936 bis 1950 Fracht auf dem Yukon

INN ON THE LAKE

Super-Lodge im Blockhüttenstil eine halbe Fahrstunde von Whitehorse. Aktivprogramm, hervorragende Küche. *9 Zi. | Alaska Hwy., km 1415 | Tel. 867/660-52 53 | www.exceptionalplaces.com* | €€–€€€

TOWN & MOUNTAIN

Renoviertes kleines Hotel im Stadtzentrum. Restaurant und Bar. *30 Zi. | 401 Main St. | Tel. 867/668-76 44 | www.townmountain.com* | €

TOUREN

RUBY RANGE ADVENTURE LTD.

Kanu- und Wandertouren; deutschsprachig geführte Touren auf dem Yukon River. *Whitehorse | Tel. 867/667-22 09 | www.rubyrange.com*

AM ABEND

Gute Countrybands können Sie am Wochenende in der *Tavern* der Kopper-King-Tankstelle *(Alaska Hwy., km 1426,9)* erleben.

AUSKUNFT

TOURISM YUKON

2nd Av./Hanson St. | Whitehorse | Tel. 800/661-04 94 | www.travelyukon.com

ZIEL IN DER UMGEBUNG

Insider Tipp

ATLIN, B. C. [116 C1]

Vor allem wegen seiner herrlichen bergumrahmten Lage am gleichnamigen See lohnt Atlin den rund 180 km langen Abstecher von Whitehorse. Das malerisch verwitterte Goldgräberdorf, das schon 1898 während des großen Klondike Gold Rush gegründet wurde, liegt zwar eigentlich noch in British Columbia, ist aber nur von Yukon aus erreichbar. Heute leben rund 500 Menschen in und um Atlin: Goldgräber, Künstler, Aussteiger.

Besonders schön ist ein Rundflug über die stark vergletscherten Küstenberge, zum Beispiel mit *Atlin Air Charters (Tel. 250/651-00 25)*. Übernachtungstipp: *Glacier View Cabins (Tel. 250/651-76 91 | www.sidkatours.com | €–€€)* – vier südlich des Ortes gelegene Blockhütten mit wirklich herrlichem Blick, deren Schweizer Besitzer auch geführte Kanutouren organisieren.

> TRAILS DER TRAPPER UND GOLDSUCHER

Viele Routen führen in die Einsamkeit – hier zwei der besten

Die Touren sind auf dem hinteren Umschlag und im Reiseatlas grün markiert

1 DIE KENAI-HALBINSEL: GLETSCHER UND FJORDE

Grüne Täler, eisbedeckte Berge und felsumrahmte Meeresarme, in denen sich Robben und Seeotter tummeln – die Kenai-Halbinsel ist das perfekte Ziel für eine 5- bis 7-tägige, 850 km lange Tour ab Anchorage. Und wer länger in Alaska bleibt, kann hier bei Wanderungen und Bootstouren die ersten grandiosen Eindrücke vom wilden Nordland sammeln. Die beste Reisezeit ist wegen des milden Klimas von Mitte Mai bis September.

Startpunkt der Reise ist die Metropole **Anchorage** *(S. 32)*, wo am Ostende der Innenstadt der *Seward Highway (Highway 1)* beginnt. Mit prachtvollen Aussichten über Fjorde, Berge und Watt folgt der Highway dem Nordufer des lang gestreckten **Turnagain Arm**. Der Tidenhub in der 70 km langen Bucht beträgt bis zu 10 m – einer der höchsten der Welt.

Bild: Inside Passage bei Skagway

AUSFLÜGE & TOUREN

Ein Tipp: Typisch alaskischen Proviant wie Räucherlachs und Rentierwurst für die Picknicks der nächsten Tage gibt es bei *Indian Valley Meats* an der Indian Road, knapp 40 km von Anchorage entfernt *(auch B&B-Unterkunft | Tel. 907/653-75 11 | www.indianvalleymeats.com | €)*.

Insider Tipp

Ein Stück weiter lohnt sich ein Abstecher zum **Alyeska Resort** *(S. 38)*, wo Sie nach einem Besuch der historischen **Crow Creek Mine** per Gondel zum Panoramablick auf den Gipfel des **Mt. Alyeska** (1201 m) schweben können. Kurz darauf erreichen Sie am Ostende des Turnagain Arm den **Portage Glacier** *(S. 39)* mit seinem oft von Eis übersäten Schmelzwassersee.

Weiter nach Süden: Zwischen grünen Hängen kurvt der Highway 1 nun entlang des schäumenden **Granite Creek** und steigt langsam hinauf in die Kenai Mountains. Wenig später halten Sie sich an der **Tern Lake Junction**

(Aussichtsplattform zur Vogelbeobachtung) links und nehmen den Highway 9 nach Süden.

Knapp 10 km weiter liegt die **Trail Lake Salmon Hatchery**, von der aus es nur noch eine knappe Stunde Fahrt zum Hafenort **Seward** *(S. 43)* ist. Quartieren Sie sich am besten für zwei bis drei Nächte ein, so bleibt Zeit für eine Bootstour in den **Kenai Fjords National Park** *(S. 44)*, für eine Wanderung zum **Exit Glacier** und vielleicht für einen Rundflug über die Gletscher.

Von Seward führt die Route wieder zurück zur Tern Lake Junction und von dort auf dem Highway 1 (hier *Sterling Highway* genannt) nach Westen. Herrliche Picknick- und Campingplätze warten an zahlreichen kleinen Seen, und immer wieder streift die Straße den legendären **Kenai River**, einen der reichsten Lachsflüsse Alaskas. An den Ufern um **Cooper Landing** und beim Örtchen **Sterling** können Sie den Anglern in ihren hüfthohen Gummistiefeln zusehen oder (mit Lizenz) auch selbst einen Blinker in den Fluss werfen.

Von **Soldotna** *(S. 42)* aus zweigt eine Seitenstraße nach **Kenai** *(S. 42)* ab, einer russischen Gründung. Quer durch das Delta des Kenai River geht es auf der *Kalifornski Beach Road* weiter nach Süden – mit tollen Ausblicken über den Cook Inlet auf die schneegekrönten Vulkane jenseits der Bucht. Bei **Kasilof** stößt die Straße wieder auf den Sterling Highway, der nun dem Steilufer am Westrand der Kenai-Halbinsel nach Süden folgt. Auch hier gibt es Panoramablicke über das Meer, und die dunklen Sand- und Kiesstrände am Fuß der Klippen sind ideal für Spaziergänge.

Noch einmal klettert der Sterling Highway in die grünen Hügel, dann eine lange Talfahrt, und **Homer** *(S. 39)* ist erreicht. Kurz vorher bei Meile 161 am Sterling Highway. sollten sie noch der *Norman Lowell Gallery* einen Besuch abstatten. Der Künstler, ein netter älterer Herr, zeigt oft selbst seine großen Panoramamalereien von Alaska. Auch in Homer lohnt es sich wieder, einige Nächte zu bleiben. So können Sie einen vollen Tag für eine Bootstour zur Beobachtung von Vögeln, Ottern und Robben verwenden oder für einen Ausflug zum Bärenbeobachten oder zum abgelegenen Fischerort **Seldovia** *(S. 41)*. Die fast 400 km lange Rückfahrt nach Anchorage dauert knapp einen Tag.

Insider Tipp

2 DER PANHANDLE: ALASKA ZU WASSER

Die Reise durch den „Pfannenstiel", jene tiefgrüne, wasserumrahmte Inselwelt im Südosten, bietet ein ganz besonderes Alaska-Erlebnis. Auf der berühmten Inside Passage, der Wasserstraße der Goldgräber, führt die Route durch einzigartige Fjordlandschaften, zu bunten Fischerorten und altrussischen Städten. Ein Auto ist nicht unbedingt nötig – per Kreuzfahrtschiff oder auf den staatlichen Fähren des Alaska Marine Highway lässt sich die Region bestens bereisen. Zwei bis drei Tage dauert die Fährfahrt, doch es lohnt sich, in einzelnen Orten Zwischenstopps von je einem oder zwei Tagen einzuplanen.

Kreuzfahrtschiffe beginnen ihre Alaskatouren meist in Vancouver, die großen Autofähren starten in Bellingham bei Seattle und im kanadischen Prince Rupert. So oder so ist der erste und südlichste alaskische Hafen **Ketchikan** *(S. 62)*, wo auch das Reich der Tlingit-Indianer beginnt. Schön: die großen Totempfahlparks **Saxman** und **Totem Bight** *(S. 63)* am Ortsrand.

Der nächste Halt der Fähre ist in **Wrangell** *(S. 68)*, das sich vor allem für Individualreisende als Zwischenstopp eignet. Nördlich von Wrangell beginnen die **Wrangell Narrows**, ein überaus schöner Abschnitt der Inside Passage: Entlang der manchmal nur 100 m breiten Meeresstraße zwischen Kupreanof und Mitkof Island nisten Weißkopfseeadler in den turmhohen Douglasien, und an den Klippen sonnen sich Robben. Über **Petersburg** *(S. 64)* führt die Route dann durch den weiten Frederick Sound (gut zur Walbeobachtung!) hinaus nach **Sitka** *(S. 65)*, der alten russischen Hauptstadt Alaskas. (Achtung: Nicht alle Fähren nehmen die Route über Sitka. Erkundigen Sie sich vorab!)

Nächster Halt: der Hafen **Auke Bay** bei **Juneau** *(S. 60)*, der Hauptstadt Alaskas. Auch hier lohnen sich ein bis zwei Tage Aufenthalt, denn die Stadt ist Ausgangspunkt für Touren in die **Glacier Bay** *(S. 58)* und für Flug- oder Paddelexkursionen in den gletscherumrahmten Fjord **Tracy Arm**.

Das letzte Stück der Schiffsreise folgt dem fast 150 km langen **Lynn Canal** nach Norden. Am Ende des Fjords haben Sie die Wahl: Wer mit dem Auto unterwegs ist und ins Landesinnere weiterfahren will, kann in **Haines** *(S. 59)* von Bord gehen. Viel schöner aber ist es, wie einst die Goldgräber zum Endpunkt der Inside Passage zu schippern und erst von **Skagway** *(S. 66)* aus ins kanadische Yukon und an den Klondike zu reisen.

Geschnitzte Stammesgeschichte, zu bewundern im Totem Bight Historical Park

EIN TAG IN ANCHORAGE

Action pur und einmalige Erlebnisse.
Gehen Sie auf Tour mit unserem Szene-Scout

DINER-BREAKFAST

8:30

Noch müde? Da hilft ein ordentliches amerikanisches Frühstück. Mit der offenen Küche und 50er-Jahre-Look ist das *City Diner* eine moderne Interpretation des typischen Diners. An der langen Theke Platz nehmen, Blueberry Pancakes oder ein Omelette bestellen, und der Tag kann beginnen. **WO?** *3000 Minnesota Dr. | Tel. 277-24 89 | www.citydiner.org*

10:00

SCHNEESCHUH-ABENTEUER

Schneeschuhe an und los! Mit dem erfahrenen Guide durch die Winterlandschaft am Chugach Mountain stapfen. Die Sommeralternative: mit dem Segway durch Anchorage düsen. **WO?** *AlaskaTours.com | nur Nov. bis April | Reservierung mindestens 48 Std. vorher unter Tel. 277-30 00 | www.alaskatours.com. Segtours of Anchorage | 325 E. St. | Tel. 441-11 24 | Kosten: 65 $/90 Min. | www.segtours.net*

LATE LUNCH

13:00

Wem nach so viel Action der Magen knurrt, der ist bei *Kinley's* richtig. Im schicken Ambiente kommen außergewöhnliche Gerichte auf den Teller, z. B. Hummer-Ravioli oder ein gegrilltes Heilbutt-Sandwich mit Kapern-Aioli auf Foccacia. **WO?** *3230 Seward Hwy. | Tel. 644-89 53 | So u. Mo geschl. | www.kinleysrestaurant.com*

14:00

DEM HIMMEL SO NAH

Einsteigen bitte – das Wasserflugzeug wartet! Beim Sightseeing-Flug über den *Knik Glacier* kann man neben dem blauen Eis auch Elche von oben beobachten. Und aus der Vogelperspektive ist der 32 km lange und 8 km breite Gletscher besonders spektakulär! **WO?** *Regal Air | 4506 Lakeshore Dr. | Tel. 243-85 35 | Kosten: 199 $/1,5 Std. | www.regal-air.com*

SCHLITTENHUNDE HAUTNAH

16:00

Bei der *Wildride Sled Dog Rodeo-Show* geht es rund: Die leistungsfähigen Schlittenhunde zeigen nicht nur ihr Können, sondern treiben auch den ein oder anderen Spaß. Wer will, darf die Huskys nach der Vorstellung auch streicheln oder lässt sich mit Flap Jack fotografieren, dem tierischen Star aus dem Disneyfilm „Antarctica – Gefangen im Eis". **WO?** *Ididaride | 185 E Ship Creek Av. | Reservierung unter Tel. 561-68 74 | Kosten: 19 $ | www.ididaride.com*

18:00

EISIGES VERGNÜGEN

Zurücklehnen und genießen: Ein Gletscher-Facial im stylishen *Sheraton Ice Spa* steht auf dem Programm. Die Maske aus cremigem arktischem Schlamm mit Bio-Pflanzenextrakten entgiftet und sorgt für weiche Haut. **WO?** *401 E. 6th Av. | Tel. 343-31 71 | Kosten 100 $/50 Min. | www.sheratonicespa.com*

SO EIN THEATER

19:00

Die mehrfach prämierte *Cyrano's Theatre Company* präsentiert jeden Monat ein neues Drama. Auf der Bühne stehen lokale Talente, die für einen unterhaltsamen Abend sorgen. **WO?** *Cyrano's Off Center Playhouse | 413 D St. | Tel. 274-25 99 | Do–Sa | Kosten: ab 16 $ | www.cyranos.org*

22:00

GENUSSFINALE

Bei einem Drink an der Bar den Tag langsam ausklingen lassen: *Simon & Seafort's* ist bekannt für seine leckeren Drinks wie Lavendel-Cosmo oder Apfel-Mojito. Hungrig? Auch die Miniportionen sind sehr fein: Bei frischen Austern mit Mignonette-Sauce, Süßkartoffel-Pommes mit Kokosnuss-BBQ-Sauce oder in Lachs gewickelten Jakobsmuscheln fällt die Wahl schwer. **WO?** *420 L St. | Tel. 274-35 02 | www.simonandseaforts.com*

> DER RUF DER WILDNIS

Die Urwelt Alaskas ist ein Traumziel für Outdoor-Fans – aber man sollte gut gerüstet kommen

> Sport hat in Alaska immer noch ein wenig mit Überleben und mit Abenteuer zu tun, mit den Urinstinkten des Menschen und mit dem Entdecken von Neuland. Hier regieren nicht „zivilisierte" Sportarten wie Golf oder Tennis – in Alaska fängt man Lachse, man erkundet im Kajak stille Buchten oder zieht mit Schlittenhunden in die Wildnis wie einst die Goldsucher.

Die grandiose Natur Alaskas besitzt aber auch Reviere für modernere Aktivitäten, die allerdings unter den rauen Bedingungen hier schnell zum Extremsport werden: Im kalten Wasser des Turnagain Arm vor Anchorage sieht man Windsurfer gleiten, und Freestyle-Skifahrer stürzen sich die steilen Hänge der Chugach Mountains hinab.

Auch normale Urlauber sollten vorplanen: Gute Karten, Moskitoschutz und Notfallausrüstung samt Pfefferspray gegen Bären gehören bei Touren ins Hinterland immer ins

Bild: Snowmobile bei Mosquito Lake

SPORT & AKTIVITÄTEN

Gepäck. Auch ein GPS-Gerät ist für Wildniswanderungen eine sinnvolle Investition. Ohne Erfahrung sollten Sie sich für eine erste Tour ohnehin einem Guide anvertrauen.

Tagesaktivitäten sind problemlos zu organisieren. Zahlreiche *rental shops* in den kleinen Orten vermieten Kanus, Kajaks und Bikes. Rafting- und andere Tagestouren sind kurzfristig vor Ort zu buchen. Mehrtägige Touren reservieren Sie besser vorab.

ANGELN

Millionen Lachse ziehen jeden Sommer in die Flüsse. Dazu tummeln sich Stahlkopf- und Regenbogenforellen, Äschen und Hechte in den Gewässern. Die berühmtesten Lachsflüsse besitzt die Kenai-Halbinsel mit dem Kenai River und dem Russian River. Aber auch Alexander Creek und Lake Creek nördlich von Anchorage und die Fjorde in Südost-Alaska sind legendär.

Als Hobbyangler holen Sie sich Rute, Blinker und Tipps in einem *Sporting Goods Store.* Hier bekommen Sie auch das nötige *permit:* 55 $ kostet eine Lizenz für sieben Tage (Zusatzgebühr für Königslachse: weitere 30 $). Ein Guide inklusive Boot kommt auf 300–500 $ pro Tag.

– *Central Charters:* Heilbutt-Fischen in der Bucht von Homer. *Homer Spit | Tel. 907/235-78 47 | www.centralcharter.com*

– *Drifters Lodge:* drei Blockhütten am Kenai River. Angel-Guides. *Cooper Landing | Tel. 866/595-59 59 | www.drifterslodge.com* | €€

Insider Tipp – *Fireweed Lodge:* gemütliche, preisgünstige Lodge in einem der besten Angelreviere Südost-Alaskas. Man fängt vor allem Silberlachs und Heilbutt. *22 Zi. | Klawock, Prince of Wales Island | Tel. 907/755-29 30 | www.fireweedlodge.com* | €€

KANUFAHREN & RAFTING

Paddeltouren auf den Seen Süd-Alaskas oder auf den Spuren der Goldgräber im Yukon können Sie gut auf eigene Faust planen. Für Raftingfahrten sollten Sie sich lieber einer geführten Tour anschließen.

– *Alaska Expedition Service:* Organisationshilfe für Kanutouren auf eigene Faust. Gute deutsche Website. *Fairbanks | Tel. 907/479-92 01 | www.angelfire.com/de/kanualaska/*

– *Chugach Adventure Guides:* Tages-Rafttrips auf mehreren Flüssen Süd-Alaskas. Originell ist die Glacier Discovery Tour mit Anfahrt per Eisenbahn. *Girdwood | Tel. 907/783-43 54 | www.alaskanrafting.com*

– *Copper Oar:* spektakuläre Rafttouren auf dem Copper River, Wandertouren im Wrangell-St.Elias National Park. *McCarthy | Tel. 907/554-44 53 | www.copperoar.com*

– *Kanoe People:* Ausstattung für Kanutouren auf dem Yukon River nach Dawson City, auch geführte Touren. *Whitehorse | Tel. 867/668-48 99 | www.kanoepeople.com*

– *Nahanni River Adventures:* Touren in den Nahanni National Park, ein Unesco-Welterbe mit spektakulären, bis zu 900 m tiefen Schluchten. *Whitehorse | Tel. 867/668-31 80 | www.nahanni.com*

SEA-KAYAKING

Seit rund zehn Jahren gilt Kayaking hier als der Trendsport schlechthin. Es ist zugleich der älteste alaskische Sport. Immerhin waren es die Aleuten, die einst den Kajak erfanden. Das Schönste ist, dass man sich – geführt von einem Guide – auch als Anfänger gleich aufs Wasser wagen kann und Alaska aus einer ganz anderen Perspektive erlebt. 50 000 km Küste warten.

– *Anadyr Adventures:* Kajak- und Segeltouren im Prince William Sound. *225 N. Harbor Dr. | Valdez | Tel. 907/835-28 14 | www.anadyradventures.com*

– *Glacier Bay Sea Kayaks:* Kajaktouren und Vermietung im Glacier Bay National Park. *Gustavus | Tel. 907/697-22 57 | www.glacierbayseakayaks.com*

– *Kayak & Custom Adventures:* Kurse und Tagestouren in der Resurrection Bay. *328 3rd Av. | Seward | Tel. 907/224-39 60 | www.kayakAK.com*

– *Southeast Exposure:* Vermietung von Kajaks und geführte Kajaktouren ins Misty Fjords National Monument. *37 Potter Rd. | Ketchikan | Tel. 907/225-88 29 | www.southeastexposure.com*

WANDERN & TREKKING

Der schönste Trekking-Trail im Chugach National Forest führt 60 km von Hope nach Cooper Landing am Kenai River. Reservierung von Hütten im *Alaska Public Lands Info Center* in Anchorage.

– *Cathers Wilderness Adventures:* geführte Wildniswanderungen und Kanutouren am Lake Laberge. Im Winter Hundeschlitten-Expeditionen. *Whitehorse | Tel. 867/333-21 86 | www.cathersadventures.com*

WINTERSPORT

Alaska ist auch im Winter geöffnet: für Touren mit Hundeschlitten, zum Langlauf und zum Pistenwedeln in einem Skigebiet internationalen Standards. Aber kommen Sie erst im Februar oder März, wenn es schon wieder länger hell ist.

– *Alyeska Resort:* Meerblick und viel Schnee bietet Alaskas einziges Skigebiet, dazu 600 m Höhenunterschied, fünf Sessellifte und eine Gondelbahn am Mt. Alyeska bei Anchorage. *Girdwood | Tel. 907/754-21 11 | www.alyeskaresort.com*

– *Muktuk Kennels*: Hundezüchter Frank Turner hat schon den Yukon Quest gewonnen. Er gibt Kurse und vermietet auch Gespanne an europäische Musher. *Whitehorse | Tel. 867/668-36 47 | www.muktuk.com*

Insider Tipp

– *Susitna Dog Tours:* Hundeschlittentouren auch für Anfänger. *Mile 91,5, Parks Hwy. | Willow | Tel. 907/495-63 24 | www.bigsusitnabnb.com*

Auf den Spuren der Goldgräber: Wanderung auf dem Chilkoot Trail

FERIEN IM LAND DER TIERE

Angeln und Adler beobachten, abends Lagerfeuer – so wird für Kinder die Reise zum Erlebnis

> Wohl kaum ein Kind wird sich auf der Urlaubsreise mit den Eltern in Alaska langweilen. Das Leben in der noch so ursprünglichen Natur – Campingurlaub bietet sich hier an – schlägt selbst Stadtkinder schnell in seinen Bann: Lagerfeuer machen, selbst die erste Forelle angeln oder einen Elch am Zeltplatz beobachten. Dazu warten allerorten spannende Goldgräbergeschichten und Geisterstädte, und natürlich müssen Sie auf der Reise auch einen Schlittenhundezüchter besuchen (Tipp: Die Hunde haben meist im Sommer Nachwuchs, und Kinder sind von den süßen Welpen völlig hingerissen). Wenn dann noch irgendwo am Weg einige Bären den Lachsen im Fluss nachstellen, dann sind das Erlebnisse, die auch Kinder nie vergessen.

Insider Tipp

IN RESTAURANT & HOTEL

Wie ganz Amerika ist auch Alaska sehr kinderfreundlich. Entsprechend gut ist die touristische Infrastruktur auf Familien eingestellt: Im Lokal gibt es spezielle Kinderteller und natürlich Kindersitze, und wenn die Kleinen mal quengeln, wird niemand böse, sondern eher verständnisvolle Blicke werfen. Hotels und Lodges bieten – oft ohne Aufpreis – separate Kinderbetten an.

SIGHTSEEING MIT KIDS

Auch vor Museen und Ausstellungen muss man in Alaska mit Kindern nicht zurückschrecken: Fast jedes Museum hat eigene Kinderabteilungen mit Ausstellungen zum Anfassen und Mitmachen, und Attraktionen wie etwa das *SeaLife Center* in Seward *(S. xx)* oder das *Alaska Raptor Center* in Sitka *(S. xx)* bieten spannende Erlebnisse für Kinder. Es lohnt sich aber besonders, die im Folgenden genannten Zoos und Wildparks mit Kindern zu besuchen, damit man die einheimischen Tiere mal ganz aus der Nähe erleben kann, die man sonst nur von Weitem erblickt.

ALASKA ZOO [110 B4]

Eisbären, Wölfe, Karibus und viele andere alaskische Arten sind unter den

> MIT KINDERN REISEN

gut 100 Bewohnern dieses Tierparks zu finden. *Tgl. 10–18 Uhr | 4731 O'Malley Rd. | Anchorage | Eintritt 10 $, Kinder 8 $ | www.alaskazoo.org*

BIG GAME ALASKA WILDLIFE CENTER [110 C5]

Wildpark am Ende des Turnagain Arm bei Anchorage mit fast allen großen alaskischen Tierarten: Braunbären, Elche, Bisons, Moschusochsen. Zumeist sind es verwaiste Junge oder andere Tiere, die in der Wildnis nicht überleben könnten. *Im Sommer tgl. 8–20 Uhr | Portage | Eintritt 7,50 $, Kinder 5 $ | www.farthernorth.com/biggamealaska*

JUNIOR RANGE PROGRAMS

Nationalparks wie *Denali (S. xx)* oder *Kenai Fjords (S. xx)* geben sich besondere Mühe mit Kindern und bieten eigene naturkundlich-lehrreiche Kinderprogramme an. Mit etwas Englischkenntnissen (und Hilfe der Eltern) können sich die Kids dann z. B. ein Zertifikat als „Junior Ranger" verdienen.

AUF TOUR DURCHS LAND

Sobald die Sprösslinge sieben oder acht Jahre alt sind, ist eine Reise durch Alaska kein Problem. Besonders beliebt ist eine Tour per Wohnmobil: Das Fahrzeug schafft eine vertraute Umgebung, und das Campleben mit frischer Luft, Bewegung und Tieren hautnah lässt die Ferien garantiert zum Erfolg werden. Allerdings sollten Sie bei einer Reise mit der Familie das Reisetempo etwas drosseln: 100–150 Meilen pro Tag sind genug. So bleibt Zeit, immer wieder einige Tage an einem Ort zu bleiben und auf die Bedürfnisse des Nachwuchses einzugehen. Angeln zum Beispiel und Kanufahren machen Spaß, auch ein Ausritt oder eine Kajaktour (geführt und im Zweisitzer) ist in einer ruhigen Meeresbucht mit Kindern gut machbar. Verblüffend kindgerecht sind übrigens auch die Feste in Alaska: Bei jedem State Fair werden für Kids allerlei Spiele organisiert – Sprachbarrieren spielen da keine Rolle, und die Kinder kommen schnell untereinander in Kontakt.

> VON ANREISE BIS ZOLL

Urlaub von Anfang bis Ende: die wichtigsten Adressen und Informationen für Ihre Alaska-Reise

ANREISE

AUTO

Mit dem Mietfahrzeug können Sie über den berühmten, 2300 km langen (durchgehend geteerten) *Alaska Highway* vom kanadischen Dawson Creek aus nach Norden steuern. Mit Besichtigungen muss man für die Fahrt ab Vancouver oder Edmonton ca. zwei Wochen rechnen. Eine landschaftlich reizvolle Alternative ist der *Cassiar Highway,* der in British Columbia beginnt und bei Watson Lake auf den Alaska Highway stößt.

FLUGZEUG

Die schnellste und bequemste Möglichkeit, nach Alaska zu reisen, ist ein Charterflug. Condor fliegt ab Frankfurt/M. nach Anchorage, Fairbanks und Whitehorse (Flugzeit 9–10 Std., Preis ca. 750–1200 Euro). Linienflüge mit den US-Airlines dauern länger und sind kaum teurer: ab 1300 Euro in der Hochsaison, ca. 18–20 Std. Flugdauer. Air Canada fliegt über Vancouver nach Whitehorse im Yukon Territory. Zur Hauptreisezeit (Juli, August) sind die Flugzeuge häufig ausgebucht. Daher sollten Sie möglichst frühzeitig reservieren (gilt auch für Autos und Wohnmobile).

SCHIFF

Von Seattle-Bellingham und Prince Rupert aus verkehren Autofähren bis

PRAKTISCHE HINWEISE

Haines und Skagway, wo Sie Anschluss an das Straßensystem des Nordens haben (auch Busse). Frühzeitig buchen im Reisebüro oder bei *Alaska Marine Highway | 6858 Glacier Hwy. | Juneau, AK 99801-7909 | Tel. 800/642-00 66 | Fax 907/465-88 24 | www.ferryalaska.com*

AUSKUNFT

CANADA TOURISM PROGRAM

Informationen über das Yukon Territory. *Postfach 20 02 47 | 63469 Maintal | Tel. 01805/52 62 32 | Fax 06181/49 75 58 | www.canada.travel*

FREMDENVERKEHRSAMT ALASKA

Allgemeine Infos und deutscher Reiseplaner. *c/o ESTM | Postfach 1425 | 61284 Bad Homburg | Fax 06172/92 16 05 | es-tm@t-online.de | www.alaska-travel.de*

Vor Ort finden Sie in Alaska in jeder Stadt, jedem National Park und jedem Dorf *Info Centers* und *Visitors Bureaus.* In Anchorage, Tok, Fairbanks und Ketchikan gibt es *Public Lands Informations Centers (PLICs),* in denen Sie Material und Karten zu Nationalparks etc. erhalten. Und Sie können dort Zeltplätze und Hütten reservieren. *www.nps.gov/aplic/*

AUTO

Der nationale Führerschein ist für Reisen bis zu drei Monaten ausreichend (im kanadischen Yukon Territory nur bis zu einem Monat!). Anschnallen ist Pflicht, und Sie müssen in Alaska wie in Yukon auch tagsüber mit Abblendlicht fahren. Das Mindestalter, um ein Auto zu mieten, beträgt meist 25 Jahre (21 Jahre gegen Aufpreis).

Alle wichtigen Highways in Alaska sind asphaltiert, aber teilweise in schlechtem Zustand, da der Dauerfrostboden den Teer aufwirft. Höchstgeschwindigkeit: auf Landstraßen meist 55 Meilen/h (88 km/h), in Orten 35 Meilen/h (50 km/h).

Die Verkehrsregeln gleichen denen in Europa. Aber: An Ampeln darf man auch bei Rot nach rechts abbiegen, auf mehrspurigen Straßen ist Rechtsüberholen erlaubt, Schulbusse mit eingeschalteter Warnblinkanlage dürfen nicht passiert werden – auch nicht aus der Gegenrichtung. Außerdem gibt es *3-way-* und *4-way-stops,* Kreuzungen, an denen jedes Fahrzeug halten muss. Wer zuerst gehalten hat, darf auch zuerst weiterfahren.

CAMPING

Die öffentlichen Campingplätze sind die schönsten: Sie sind meist an Seen und in National oder State Parks gelegen und mit Feuerstelle, Holzbänken, Wasserpumpe und Plumpsklo einfach ausgestattet. Die Nacht kostet 8–20 $. Private Plätze mit heißen Duschen, kleinem Laden und manchmal sogar Swimmingpool finden Sie am Rand der Städte und außerhalb der Parks (Preis ca. 15–40 $). Wildes

Campen ist – außer in den Parks – nicht verboten, wird aber in Nähe der Orte nicht gern gesehen.

Vorsicht vor Bären: Nachts sollten Sie alle Lebensmittel geruchsdicht im Auto verstauen oder – beim Zelten in der Wildnis – in mindestens 4 m Höhe an einen Baum hängen!

DIPLOMATISCHE VERTRETUNGEN

DEUTSCHES HONORARKONSULAT

Bernd Guetschow | 425 G St., Suite 650 | Anchorage, AK 99501 | Tel. 907/274-65 37 | bcg@alaska.net

ÖSTERREICH. HONORARKONSULAT

c/o Hotel Captain Cook | 4th at K Street | Anchorage, AK 99501 | Tel. 907/276-60 00 | president@captaincook.com

> WAS KOSTET WIE VIEL?

> **BENZIN**	**2–2.50 EURO** für *1 gallon unleaded regular* (bleifrei)
> **BIER**	**3–4 EURO** für das Glas im Saloon
> **ULU**	**11–15 EURO** für das halbrunde Messer der Inuitfrauen
> **LACHS**	**12–20 EURO** für ein Lachssteak mit Beilagen
> **KAFFEE**	**2 EURO** pro Tasse inkl. Nachfüllen
> **FISH & CHIPS**	**8–10 EURO** für Heilbutt mit Pommes

SCHWEIZER GENERALKONSULAT

456 Montgomery St. | Suite 1500 | San Francisco, CA 94104 | Tel. 415/788-22 72 | sfr.vertretung@eda.admin.ch

EINREISE

Bei bis zu drei Monaten Aufenthalt genügt für Deutsche, Österreicher und Schweizer zur Einreise nach Alaska wie nach Kanada der (maschinenlesbare) Reisepass.

Für neu ausgestellte Pässe sind biometrische Daten erforderlich. Neu ausgestellte Kinderpässe erfordern zudem ein Visum – besser ist es, für Kinder einen regulären Pass zu beantragen. Zur Einreise ohne Visum muss seit 2009 vorab im Internet ein Formular für eine *Travel Authorization* ausgefüllt werden: *https://esta.cbp.dhs.gov.* Weitere Auskünfte: *german.germany.usembassy.gov*

FÄHREN

Die großen, komfortablen Autofähren des *Alaska Marine Highway* verkehren zwischen allen größeren Orten Südost-Alaskas entlang der Inside Passage sowie in Süd-Alaska zwischen Valdez, Cordova, Whittier, Seward, Homer und Kodiak Island. Einmal im Monat fährt eine der Fähren auch von Homer entlang der Aleuten bis Dutch Harbor. Mit Fahrzeug sollten Sie unbedingt schon vier bis fünf Monate vorab reservieren. Fahrplaninfos und Buchung im Reisebüro, bei allen Alaska-Veranstaltern oder unter *www.ferryalaska.com*.

GELD

Alaska ist kein Billigziel; fast alle Güter müssen aus dem Süden importiert werden. Währung ist der US-Dollar. Im Yukon gilt der kanadische Dollar (kan $), Bargeld und Reiseschecks in US-$ werden aber meist angenommen und fair konvertiert. Für die Reisekasse nehmen Sie am besten die EC-Karte mit (damit können Sie an den meisten Geldautomaten Bargeld ziehen), dazu Reiseschecks (sie werden überall akzeptiert, und man bekommt als Wechselgeld Bares zurück) sowie eine der gängigen Kreditkarten (Visa oder Eurocard) für alle größeren Ausgaben und für Notfälle. Bargeld in Euro wird gar nicht oder nur zu extrem schlechtem Kurs in den größeren Hotels getauscht.

GESUNDHEIT

Die ärztliche Versorgung ist gut – aber teuer, denn im Notfall werden Sie von den Park Rangers oder medizinischen Notdiensten zum nächsten Krankenhaus geflogen. Schließen Sie für die Reise unbedingt eine Auslandskrankenversicherung ab! Für eine Wildnistour sollten Sie eine komplette Reiseapotheke einpacken und das Wasser aus Bächen und Flüssen immer abkochen.

INLANDFLÜGE

Fliegen gehört in Alaska zum täglichen Leben, denn viele Dörfer und Lodges im Hinterland sind nur per Flugzeug zu erreichen. Alle größeren Orte werden von Alaska Airlines angeflogen, in die kleineren Orte kommt man mit einer der zahlreichen Regionalgesellschaften wie etwa PenAir und ERA-Air in Anchorage und Frontier Flying Service in Fairbanks.

Mit einem der vielen Lufttaxis können Sie abseits aller Pfade in die Wildnis vordringen. Auf Wunsch steuern die Buschpiloten jeden See und jede Sandbank im Hinterland an – für 400–600 $ pro Flugstunde. Je weiter nach Norden man kommt, desto teurer wird es – und vergessen Sie nicht, den Rückflug zu buchen.

WÄHRUNGSRECHNER

€	US $	US $	€
1	1,30	1	0,77
2	2,60	5	3,85
5	6,50	10	7,70
10	13,00	25	19,25
25	32,50	40	30,80
30	39,00	50	38,50
50	64,90	70	53,90
70	90,90	150	115,55
150	194,80	200	154,05

INTERNET & WLAN-HOTSPOTS

www.travelalaska.com | *www.nps.gov* | *www.alaskainfo.org* | *www.wildlife.alaska.gov* | *www.alaskaone.com* | *www.mapquest.com* | *www.alaska-info.com* | *www.kanada-info.de* | *travelyukon.com* | *www.yukonwild.com*

In den Städten und sogar den kleineren Orten Alaskas herrscht elektronische Zivilisation, d. h., Hotels und Lodges haben Internet, Wlan *(wireless network)* und oft sogar einen kostenlos zu nutzenden Computer in der Lobby. In Coffeeshops können Sie oft ebenfalls gegen Gebühr (10–15 Minuten 2–5 $) Computer und Internet nutzen. Im Hinterland dagegen gibt es außer Satellitenanschlüssen keinerlei Verbindungen.

JUGENDHERBERGEN

Der offizielle Herbergsverband *Hostelling International (www.hiusa.org)* unterhält zwar nur ein Hostel in Alaska, doch in vielen Orten gibt es Backpackerunterkünfte (Schlafplatz ca. 25 $ pro Nacht). Den Schlafsack bringt man am besten selbst mit.

KLIMA & REISEZEIT

Im größten Teil Alaskas herrscht nordisches Kontinentalklima mit überraschend warmen, trockenen, oft wochenlang sonnigen Sommern (in Fairbanks kann es im Juli über 30 Grad Celsius heiß sein) und bitterkalten Wintern. In Süd-Alaska und im Panhandle mildert die Nähe zum Meer das Klima, die Pazifikwolken sorgen für reichlich Regen.

Beste Reisezeit ist von Mitte Juni bis Ende August. Doch ist es im September oft noch genauso schön – mit sonnigen Tagen und kalten Nächten. Ab Anfang des Monats färben sich im Indian Summer die Blätter der Birken, Weiden und Pappeln, und die Tundra leuchtet für zwei kurze Wochen in prächtigem Rot und Gelb. Für Hundeschlitten- und Skitouren ist die Zeit von Mitte Februar bis Mitte April am besten.

MASSE & GEWICHTE

Im kanadischen Yukon Territory gilt das metrische System, doch in Alaska spulen Sie wie in den ganzen USA auf den Highways Meilen (= 1,6 km) herunter, kaufen Benzin in Gallonen (= 3,7 l) und frieren in Fahrenheit-Graden – Umrechnungsformel: Fahrenheit minus 32 mal 5 dividiert durch 9 ergibt Celsius, 10 °C z. B. sind also 50 °F.

NOTRUF

In Städten gilt die Notrufnummer *911,* die gebührenfrei von jedem Te-

WETTER IN ANCHORAGE

	Jan.	Feb.	März	April	Mai	Juni	Juli	Aug.	Sept.	Okt.	Nov.	Dez.
Tagestemperaturen in °C	-7	-3	1	7	13	17	19	18	14	6	-2	-7
Nachttemperaturen in °C	-15	-12	-9	-3	2	7	9	8	4	-2	-9	-14
Sonnenschein Std./Tag	8	11	13	16	20	24	22	18	14	12	9	7
Niederschlag Tage/Monat	5	6	4	5	4	7	8	9	10	6	5	7
Wassertemperaturen in °C	4	0	1	2	4	8	11	11	10	7	6	5

lefon anwählbar ist. Sonst wendet man sich an den *operator* unter der *0.*

ÖFFENTLICHE VERKEHRSMITTEL

Mehrere regionale Busgesellschaften wie Alaska Trails, Alaska Direct Bus Lines, Homer Stage Lines oder Greyhound Canada verbinden alle Orte entlang der Highways in Alaska und im Yukon Territory. Manchmal muss man aber ein bis zwei Tage auf den nächsten Bus warten.

Per Zug lässt sich Alaska auf der landschaftlich reizvollen Strecke der *Alaska Railroad* von Anchorage über den Denali National Park nach Fairbanks erleben (12 Std. Fahrt). Etwa 4 Stunden dauert die Fahrt von Anchorage nach Seward. Auskunft im Reisebüro oder vor Ort *(Tel. 907/ 265-24 94 | www.akrr.com).*

POST

Porto für Luftpostbriefe und Postkarten nach Europa: 94 ¢ (in Kanada 1,60 $). Aus den größeren Orten ist eine Karte etwa sieben Tage unterwegs, aus dem Hinterland drei bis vier Tage länger.

STEUERN

Es gibt keine allgemeine Verkaufssteuer in Alaska, doch Städte und Bezirke dürfen eigene Hotelsteuern und bis zu 6 Prozent *sales tax* aufschlagen. In Kanada wird eine Mehrwertsteuer, genannt GST, von 5 Prozent erhoben. Alle Steuern werden erst beim Kauf berechnet.

TELEFON

Für Alaska gilt die Vorwahl 907, für das Yukon Territory die Vorwahl 867.

Ortsgespräche aus der Telefonzelle kosten 25–50 ¢, bei Ferngesprächen gibt nach dem Wählen eine Computerstimme die Gebühr an. Für Ortsgespräche wählen Sie nur die Nummer, für Ferngespräche vor der Nummer eine „1" und die Vorwahl. Vorsicht: Im Hotel werden oft horrende Aufschläge berechnet! Preiswerter telefonieren Sie mit *prepaid phone cards,* die an Tankstellen und an Kiosken erhältlich sind.

Europäische Triband- und Quad-Handys funktionieren in Anchorage und einigen anderen Städten – aber nicht draußen im weiten Land.

Vorwahl nach Deutschland: 011-49, Österreich: 011-43, Schweiz: 011-41. Dann die Ortsvorwahl ohne die erste Null und die Nummer. Vorwahl nach Alaska und Kanada: 001.

ZEITZONEN

Zeitunterschied zu Mitteleuropa: Alaska –10 h; westlichste zwei Aleuteninseln –11 h; kanadisches Yukon Territory –9 h. Vom 2. So im März bis zum 1. So im November gilt Sommerzeit wie in Europa.

ZOLL

Frische Lebensmittel dürfen nicht eingeführt werden. Erlaubt sind für Erwachsene 200 Zigaretten oder 50 Zigarren oder 2 kg Tabak sowie 1,1 l Spirituosen. Außerdem Geschenke bis 100 $, in Kanada 60 $.

In die EU zollfrei eingeführt werden dürfen: 1 l Alkohol über 22 Prozent, 200 Zigaretten oder 100 Zigarillos oder 50 Zigarren oder 250 g Tabak, 50 g Parfüm oder 250 ml Eau de Toilette und andere Artikel im Gesamtwert von 430 Euro.

> DO YOU SPEAK AMERICAN ENGLISH?

„Sprichst du Englisch?" Dieser Sprachführer hilft Ihnen, die wichtigsten Wörter und Sätze auf Englisch zu sagen

Aussprache

Zur Erleichterung der Aussprache sind alle englischen Begriffe und Wendungen mit einer einfachen Aussprache (in eckigen Klammern) versehen. Folgende Zeichen sind Sonderzeichen:

ə nur angedeutetes „e" wie in bitte
θ [s] gesprochen mit der Zungenspitze zwischen den Zähnen
' die nachfolgende Silbe wird betont

AUF EINEN BLICK

Ja./Nein.	Yes. [jäs]/Yeah. [jie]/No. [no]
Vielleicht.	Perhaps. [pö'häps]/Maybe. ['mäibih]
Bitte.	Please. [plihs]
Danke.	Thank you. ['θänkju]
Vielen Dank!	Thank you very much. ['θänkju 'wäri 'matsch]
Gern geschehen.	You're welcome. [jər 'wälkəm]
Entschuldigung!	Excuse-me! [iks'kjuhs 'mih]
Wie bitte?	Pardon? ['paərdn]
Ich verstehe Sie/dich nicht.	I don't understand. [ai dont andö'ständ]
Ich spreche nur wenig …	I only speak a little … [ai 'onli spihk ə litl]
Können Sie mir bitte helfen?	Can you help me, please? ['kən ju 'hälp mi plihs]
Ich möchte …	I'd like … [aid'laik]
Das gefällt mir (nicht).	I (don't) like this. [ai (dont) laik‿θis]
Haben Sie …?	Do you have …? [du ju 'häw]
Wie viel kostet es?	How much is this? ['hau'matsch is θis]
Wie viel Uhr ist es?	What time is it? [wət 'taim is it]

KENNENLERNEN

Guten Morgen!	Good morning! [gud 'moərning]
Guten Tag!	Good afternoon! [gud äftö'nuhn]
Guten Abend!	Good evening! [gud 'ihwning]
Hallo! Grüß dich!	Hello! [hə'lo]/Hi! [hai]
Mein Name ist …	My name is … [mai näim is …]
Wie ist Ihr/Dein Name?	What's your name? [wots joər 'näim]
Wie geht es Ihnen/dir?	How are you? [haur'ju]

Danke. Und Ihnen/dir?	Fine thanks. And you? ['fain θänks, ənd 'ju]
Auf Wiedersehen!	Goodbye!/Bye-bye! [gud'bai/bai'bai]
Tschüs!	See you!/Bye! [sih ju/bai]
Bis bald!	See you later! [sih ju 'lätər]
Bis morgen!	See you tomorrow! [sih ju tə'məro]

UNTERWEGS

AUSKUNFT

links/rechts	left [läft]/right [rait]
geradeaus	straight ahead [sträit 'əhäd]
nah/weit	near [niər]/far [faər]
Bitte, wo ist …	Excuse me, where's …, please? [iks'kjuhs 'mih 'weərs … plihs]
… der (Bus-) Bahnhof?	… the train/bus station … [θɔ'träən/bass 'stäischn]
… der Flughafen?	… the airport … [θə 'erpoht]
Wie weit ist das?	How far is it? ['hau 'far‿is‿it]
Ich möchte ein Auto mieten.	I'd like to rent a car. [aid'laik tə 'ränt ə 'kaər]

AUTO

Ich habe eine Panne.	My car's broken down. [mai 'kaərs 'brokn 'daun]
Gibt es hier in der Nähe eine Werkstatt?	Is there a service station nearby? ['is θeə‿ə 'söəwis stäischn 'nirbai]
Wo ist die nächste Tankstelle?	Where's the nearest gas station? ['weəs θə 'niərist 'gäs stäischn]
Ich möchte … Liter/ Gallonen [3,7 l] …	… liters/gallons of … ['lihtərs/gäləns əw]
… bleifreies Benzin.	… unleaded gas, [an'lädid gäs]
… Super.	… premium, [primium]
… Diesel.	… diesel, ['dihsl]
Voll tanken, bitte.	Full, please. ['full plihs]

UNFALL

Hilfe!	Help! [hälp]
Achtung!	Attention! [ə 'tänschn]
Vorsicht!	Look out! ['luk 'aut]

Rufen Sie bitte …	Please call … ['plihs 'kahll]
… einen Krankenwagen.	… an ambulance. [ən 'ämbjuləns]
… die Polizei.	… the police. [θə pə'lihs]
Es war meine Schuld.	It was my fault. [it wəs 'mai 'fahllt]
Es war Ihre Schuld.	It was your fault. [it wəs 'johər 'fahllt]
Geben Sie mir bitte Ihren Namen und Ihre Anschrift.	Please give me your name and address. [plihs giw mi joər 'näim ənd ə'dräs]

ESSEN/UNTERHALTUNG

Wo gibt es hier ein gutes Restaurant?	Is there a good restaurant here? ['is θeər ə 'gud 'rästərahnt 'hiər]
Auf Ihr Wohl!	Cheers! [tschiərs]
Bezahlen, bitte.	Could I have the check, please? ['kud ai häw θə tschek plihs]
Wo sind bitte die Toiletten?	Where are the restrooms, please? ['weərə θə 'toilits plihs]

EINKAUFEN

Wo finde ich …	Where can I find … ['weər 'kən‿ai 'faind]
… eine Apotheke?	… a pharmacy? [ə farməssi]
… eine Bäckerei?	… a bakery? [ə bəikəri]
… ein Lebensmittelgeschäft?	… a supermarket/grocery store? [ə 'supər 'mahrkət/grosri stoər]

ÜBERNACHTUNG

Können Sie mir bitte … empfehlen?	Could you recommend …, please? [kud ju ˌräkə'mänd … plihs]
… ein Hotel/Motel …	… a hotel/motel … [ə ho'täl/mou'təl]
… eine Pension …	… a B&B (bed & breakfast) … [ə bin bi (bed‿n 'bräkfəst)]
Ich habe bei Ihnen ein Zimmer reserviert.	I've reserved a room. [aiw ri'söhwd‿ə 'ruhm]
Haben Sie noch …	Do you have … [du ju häw]
… ein Einzelzimmer?	… a room for one? [ə ruhm fə wan]
… ein Doppelzimmer?	… a room for two? [ə ruhm fə tu]
… mit Dusche/Bad?	… with a shower/bath? [wiθ ə 'schauər/'bähθ]
Was kostet das Zimmer mit Frühstück?	How much is the room with breakfast? ['hau 'matsch is θə ruhm wiθ 'bräkfəst]

PRAKTISCHE INFORMATIONEN

ARZT

Können Sie mir einen guten Arzt empfehlen?	Can you recommend a good doctor? [kən ju räkə'mänd ə gud 'daktər]
Ich brauche einen Zahnarzt.	I need a dentist. [ai nied ə 'dentist]
Ich habe hier Schmerzen.	I feel some pain here. [ai fihl səm päin 'hiər]
Ich habe Fieber.	I've got a temperature. [aiw got ə 'tämpritschə]
Rezept	prescription [prə'skripschn]
Spritze	injection/shot [in'dschekschn/schot]

BANK

Wo ist hier bitte eine Bank?	Where's the nearest bank? [weərs θə 'niərist bänk]
Bankautomat	teller machine [telər maschin]
Ich möchte … Euro (Schweizer Franken) in Dollar wechseln.	I'd like to change … Euro (Swiss francs) into dollars. [aid laik tə tschäinsch … juro ('swis 'fränks) 'intə 'dahllərs]

POST

Was kostet …	How much is … ['hau 'matsch is]
… ein Brief …	… a letter … [ə 'lädər]
… eine Postkarte …	… a postcard … [ə postkahrd]
… nach Europa?	… to Europe? [tə 'juroup]

ZAHLEN

0	zero [siəro]
1	one [wan]
2	two [tuh]
3	three [θrih]
4	four [fohr]
5	five [faiw]
6	six [siks]
7	seven ['säwn]
8	eight [äit]
9	nine [nain]
10	ten [tän]
11	eleven [i'läwn]
12	twelve [twälw]
13	thirteen [θöh'tihn]
14	fourteen ['foh'tihn]
15	fifteen ['fif'tihn]
16	sixteen ['siks'tihn]
17	seventeen ['säwn'tihn]
18	eighteen ['äi'tihn]
19	nineteen ['nain'tihn]
20	twenty ['twänti]
21	twenty-one
30	thirty ['θöhti]
40	forty ['fohrti]
50	fifty ['fifti]
60	sixty [siksti]
70	seventy ['säwnti]
80	eighty ['äiti]
90	ninety ['nainti]
100	a (one) hundred ['ə (wan) 'handrəd]
1000	a (one) thousand ['ə (wan) 'θausənd]
10000	ten thousand ['tän 'θausənd]
1/2	a half [ə 'hähf]
1/4	a (one) quarter ['ə (wan) 'kwohrtər]

Glacier Bay

> UNTERWEGS IN ALASKA

Die Seiteneinteilung für den Reiseatlas finden Sie auf dem hinteren Umschlag dieses Reiseführers

REISE ATLAS

A
B
C
1
2
3
4
5
6
Jones Is.
Return Is.
Midway Is.
Beechey Point
Prudhoe B.
Prudhoe Bay
Fish Cr.
Nuiqsut
Stockton Is.
A R C T I
Flaxman I.
Brownlow Pt.
Camden Bay
Barter I.
Kaktovik
Griffin Pt.
-9h
Alas
Bea
Kuparuk R.
Sagavanirktok R.
Kalegosilik R.
Kavik R.
Canning R.
Jago R.
Aichilik R.
North Slope
White Hills
281
Itkillik R.
Chandler R.
Kuparuk R.
Toolik R.
Shaviovik R.
Anaktuvuk R.
Arctic
Romanzof Mts.
Mt. Michelson
2816
Mt. Salisbury
2151
Franklin Mountains
Mt. Gree
Philip Smith Mountains
Marsh Fork
2453
Natio
Brooks Range
East Fork Chandalar
2255
Sheenjek R.
Davidso
Coleen R.
2438
2499
Itkillik R.
11
Bear
160
Middle Fork Chandalar
Arctic Village
Wild
Mt. Doonerak
2682
2189
North Fork Chandalar
Horace Mt.
1736
Koyukuk
Wisemen
South Fk. Koyukuk
Chandaler
Refug
East Fork Chandalar
Coleen R.
Shennjek R.
Chandalar R.
Dalton HWY
1753
Yukon F
Venetie
Old Ra
Christian R.
385
Hadweenzie
Hodzana R.
National
Hud Mt.
856
Caribou Mt.
970
Porcupine R.
Black R.
Fort Yukon
Chalkyitsik
Little Black R.
Wildlife
11
Beaver
Birch Creek
Stevens Village
Birch Cr.
Refuge
Beaver Cr.
Black R.
Preacher Cr.
White Mountains
Circle
Rampart
Sawtooth Mt.
1369
Livengood
1536
Alaska
73
76
2
Wickersham Dome
577
Steese HWY
Eagle Summit
(1104)
6
Arctic Circle Hot Springs
Yukon River
Kandik R.
Tolovana R.
Chatanika R.
Coal Creek
Yukon-Charley-
Rivers
Nat. Preserve
Chena Hot Sprs.
Twin Mt.
1763
Charley R.
Old Minto
Fox
Ester
Fairbanks
Chena R.
West Point
1801
3
57
North Pole
The Butte
1390
Glac
Nenana
30
Eielson
Toklat R.
Teklatnika R.
Tatlanika Cr.
Wood R.
Clear Cr.
Salcha R.
Goodpaster R.
67
Browne
1266
2
64
287
Mt. Harper
1995
Little Delta R.
Tanana R.
Middle Fk.
Mosquito Fk. R.
Chick
Healy
5

110

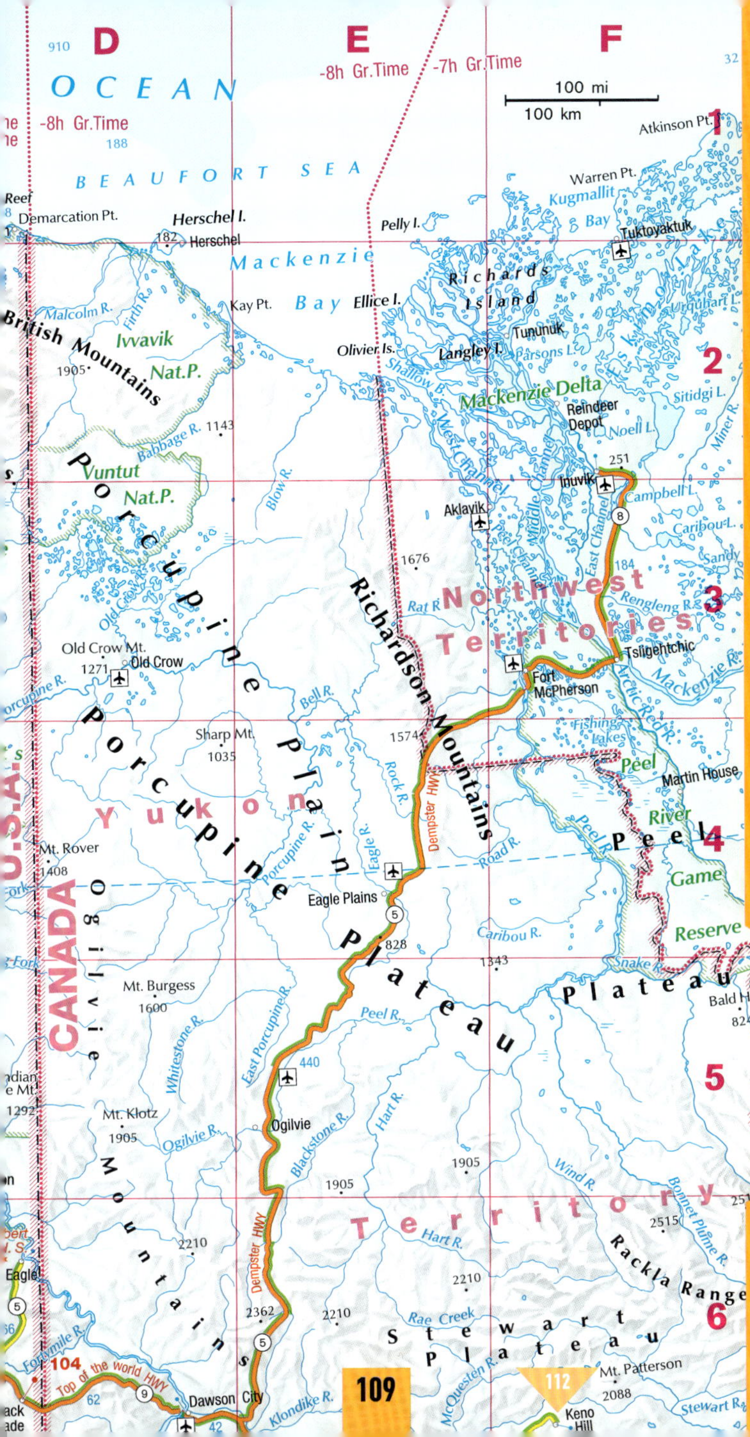
D
E
F
910
32
OCEAN
-8h Gr.Time
-7h Gr.Time
100 mi
100 km
188
1
2
3
4
5
6
BEAUFORT SEA
Atkinson Pt.
Warren Pt.
Kugmallit Bay
Tuktoyaktuk
Reef
Demarcation Pt.
Herschel I.
182
Herschel
Pelly I.
Mackenzie Bay
Richards Island
Eskimo Lakes
Urquhart L.
Kay Pt.
Ellice I.
Tununuk
Malcolm R.
Firth R.
Ivvavik Nat.P.
British Mountains
1905
Olivier Is.
Langley I.
Parsons L.
Shallow B.
Mackenzie Delta
Reindeer Depot
Sitidgi L.
Noell L.
Miner R.
Babbage R.
1143
Vuntut Nat.P.
Blow R.
West Channel
Middle Channel
East Channel
251
Inuvik
8
Campbell L.
Caribou L.
Aklavik
Peel Channel
Sandy
1676
184
Porcupine Plain
Richardson Mountains
Old Crow R.
Rat R.
Northwest Territories
Rengleng R.
Tsiigehtchic
Mackenzie R.
Old Crow Mt.
1271
Old Crow
Fort McPherson
Arctic Red R.
Porcupine R.
Bell R.
Sharp Mt.
1035
1574
Fishing Lakes
Peel
Martin House
Porcupine Plateau
Rock R.
Dempster HWY
Yukon
River
U.S.A.
CANADA
Mt. Rover
1408
Fork
Porcupine R.
Eagle R.
Road R.
Peel R.
Peel
Game
Reserve
Ogilvie
Eagle Plains
5
828
Caribou R.
1343
Snake R.
Plateau
Bald Hill
824
Fork
Mt. Burgess
1600
Peel R.
East Porcupine R.
Whitestone R.
440
Mt. Klotz
1905
Ogilvie R.
Ogilvie
Blackstone R.
Hart R.
1905
1905
Wind R.
Bonnet Plume R.
1292
Territory
2515
2515
2210
Hart R.
Rackla Range
Eagle
5
2210
2362
2210
Rae Creek
Stewart Plateau
Ogilvie Mountains
Fortymile R.
104
Top of the World HWY
9
62
Dawson City
Klondike R.
McQuesten R.
112
Mt. Patterson
2088
Stewart R.
Keno Hill
42

A
B
C
1
2
3
4
5
6
Birches
Tanana
Yukon River
Wickersham Dome
577
Nowitna
National
Wildlife
Refuge
Ruby
Little Mud R.
Sulatna R.
Nowitna R.
Susulatna R.
Manley Hot Sprs.
Tolovana R.
Old Minto
Fox
Ester
North Pole
Tanana R.
Zitziana R.
Bitzshtini Mt.
971
Kantishna R.
Toklat R.
Teklanika R.
Nenana
Wood R.
Tatlanika Cr.
Clear Cr.
Haystack Mt.
1070
Sethkokna R.
Bearpaw Mt.
623
Browne
1266
L. Minchumina
Lake Minchumina
Healy
Denali
Denali Nat. Park
Von Frank Mtn.
1377
Kantishna
North Fork Kuskokwim
Swift Fork Kuskokwim R.
Birch Cr.
National Park
Cantwell
Denali HWY
Tonzona R.
South Fork Kuskokwim R.
Middle Fork Kuskokwim R.
Mt. McKinley
6194
Mt. Foraker
5304
Mt. Russell
3557
Chulitna R.
Chulitna
and Preserve
Susitna R.
Mt. Dall
2668
Farewell
Chelatna L.
Petersville
George R. Parks HWY
Alaska
Talkeetna R.
Talkeetna Mountains
Oshetna R.
Talkeetna
Yentna R.
2697
1285
2944
360
Caswell
Independence Mine
Chickaloon
Glenn HWY
Skwentna R.
Mt. Gerdine
3840
Willow
Matanuska R.
Houston
Palmer
2256
1339
Wasilla
Mt. Marcus Baker
4016
Alexander
Beluga L.
Eklutna Village
Chugiak
Chugach State Park
Chakachamna L.
Chakachatna R.
Fire I.
ANCHORAGE
1685
Old Village
Telaqua L.
2849
1984
Pt. Possession
Turnagain Arm
Rainbow
Alyeska Resort & Skiarea
Girdwood
Hope
Portage
Lake Clark
Kustatan
Kenai
127
Whittier
Esther I.
Perry I.
Culross I.
Nat. Park
Redoubt Vol.
3108
L. Clark
and Preserve
Kenai
Soldotna
National
Moose Pass
Kalgin I.
Cook Inlet
Skilak L.
Kenai
Wildlife
1606
Knight I.
Green I.
888
Tuxedni B.
Chisik I.
Iliamna Vol.
3083
219
Tustumena L.
Sargent Icefield
Woodrow
Seward
Latouche I.
Latouche
San Juan
Ninilchik
712
Refuge
2015
Pile Bay Village
Sterling HWY
Peninsula
Cape Resurrection
Evans I.
Chigmit Mountains
Chinitna Pt.
Williamsport
Homer
Kachemak Bay
Kenai Fjords Nat. P.
Kenai Mountains
Rugged I.
Aialik Cape
Montague Strait
Cape Cleare
33
Burr Pt.
Augustine I.
1196
Seldovia
Ragged I.
Pye Is.
Chenik
Kamishak Bay
Pt. Adam
Elizabeth I.
Nuka I.
Gore Pt.
Nuka Bay
Port I.
East Chugach I.
Chugach Is.
Alaska Marine HWY
Ushagat I.
Barren Is.
West Amatuli I.
East Amatuli I.
Mt. Douglas
2153
C. Douglas
Pt. Banks
115
101
265
Gu

D
E
F
Nation
Twin Mt.
1763
Charley R.
Chena Hot Sprs.
West Point
1801
The Butte
1390
Yukon-Charley-Rivers Nat. Preserve
Fort Egbert N. H. S.
Glacier Mt.
1905
Eagle
Yukon
2210
Dempster HWY
1
2362
Goodpaster R.
Fortymile R.
Big Delta State Historical Park
Mt. Harper
1995
Middle Fk.
Mosquito Fk. R.
Chicken
Jack Wade
104
Dawson City
Tanana R.
Delta Jn.
Alaska Highway
Mt. Hart
1621
Bonanza Creek
CANADA
USA
Klondike
Taylor HWY
Mt. Fairplay
1689
287
Rapids
Hayes
2
Territory
Tetlin Junction
Tok
Mt. Stewart
1239
Ladue R.
Isabel Pass
Mt. Kimball
2950
Tetlin Ind. Res.
Tetlin L.
Plateau
Dawson Range
1593
1695
Coffee Creek
White R.
Paxson
Gakona R.
Mentasta Pass
(695)
Tetlin R.
Tetlin N.W.R.
Border City Lodge
Slana
Copper R.
Nabesna R.
Chisana R.
Wellesley L.
3
Gulkana R.
Gakona
Crosswind L.
Glennallen
Mt. Sanford
4947
Mt. Wrangell
4317
Chisana
Beaver Mtn.
1975
Koidern
Wellesley Basin
Donjek R.
Copper Center
Wrangell Mountains
Mt. Blackburn
4996
Wrangell- St. Elias
Nat. Park and Preserve
White R.
Alaska Highway HWY
Tonsina
Chitina
McCarthy
Chitina R.
Mt. Bona
5029
Mt. Bear
4520
Kluan Glacier
Mt. Constantine
3138
331
4
Mt. Steele
5073
Chugach Mountains
Valdez
(845) Thompson Pass
Cordova Peak
2356
Tatshenshini-Alsek
Logan Glacier
Kluane Nat. Park
Tatitlek
3274
Mt. Tom White
Bagley Icefield
Mt. Miller
3352
Mt. Logan
5959
3848
Seward Glacier
Mt. Vancouver
4785
Mt. St. Elias
5489
Mt. Augusta
4289
4194
Mt. Cook
5
Hawkins I.
Cordova
Alaganik
Hinchinbrook I.
C. Hinchinbrook
Chilkat
Bering Glacier
Guyot Glacier
Malaspina Glacier
Icy Bay
Icy Cape
Pt. Riou
Wingham I.
Kayak I.
Yakutat Bay
Yakutat
Cape Saint Elias
Ocean C.
of Alaska
100 mi
100 km
6

109
116

A
B
C
109
Yukon
Fort Egbert N. H. S.
Glacier Mt.
1905
Eagle
Ogilvie Mountains
Dempster HWY
2210
2362
Hart R.
Wind R.
Rae Creek
Fortymile R.
104
Chicken
Jack Wade
Dawson City
Stewart
Mt. Hart
1621
Bonanza Creek
Glenboyle
Klondike R.
McQuesten R.
Mt. Patterson
2088
Keno Hill
USA
CANADA
Klondike
Yukon
Klondike HWY
1483
1600
Mayo L.
Plateau
1532
Pelly Crossing
Ethel L.
Big Kalzas L.
Ladue R.
Stewart R.
Mt. Stewart
1239
1593
Coldspring Mtn.
1390
Grey Hunter Peak
2214
517
Maemillar
White R.
Dawson Range
1695
Coffee Creek
Yukon River
Pelly R.
Ptarmigan Mtn.
1487
Terr
Earn L.
Border City Lodge
Minto
Tatlmain L.
Wellesley L.
Apex Mtn.
2022
Glenlyon Peak
2190
Lewes
Beaver Mtn.
1975
Wellesley Basin
Nisling R.
Afe Peak
1726
Mt. Nansen
2040
Carmacks
Little Salmon L.
Koidern
Alaska Highway HWY
Donjek R.
White R.
1478
Kluttan Glacier
Ruby Range
Aishihik
Plateau
Big Salmon R.
Mt. Bear
4520
Mt. Constantine
3138
331
2305
Kluane L.
Aishihik L.
2006
Nordenskiöld R.
Lake Laberge
Teslin R.
Big Salm
Mt. Steele
5073
Destruction Bay
2219
2149
Logan Glacier
Wrangell- St. Elias Nat. Park and Preserve
2789
174
2082
Haines Junction
Champagne
Whitehorse
Mt. Logan
5959
3848
2494
Tatshenshini-Alesk
Plat
Mt. Arkell
2209
Yukon R.
Seward Glacier
Mt. St. Elias
5489
Mt. Augusta
4289
Mt. Vancouver
4785
4194
Hubbard Glacier
Mt. Hubbard
4557
St. Elias Mountains
Alsek R.
Dezadeash
Dezadeash Lake
Kusawa Lake
Takhini R.
Marsh Lake
Mt. Cook
Kluane Nat. Park
253
170
Carcross
Bennett Lake
1814
Tagish Lake
2522
Malaspina Glacier
Russell Fiord
Mt. Draper
1728
2838
Tatshenshini R.
Haines HWY
Klondike Highway
Bennett
Taku Arm
Yakutat Bay
Yakutat
Ocean C.
Russell Fiord Wilderness
CAN.
USA
2172
Chilkoot Pass
White Pass
Teepee
Chilkat Bald Eagle Preserve
2021
Skagway
Engineer
Scot Bay
Porcupine
Mt. Hay
2704
Tanani
Haines
Port Chilkoot
2
Dry Bay
Grand Pacific Glacier
Glacier Bay
3920
Mt. Fairweather
4669
Muir Glacier
Nat. P. and Preserve
2470
Llewellyn Glacier
Mt. Nesselrode
C. Fairweather
116
1465
1778
Pt. Bridget State P.
Chilkat Inlet
Lynn C.
1
2
3
4
5
6

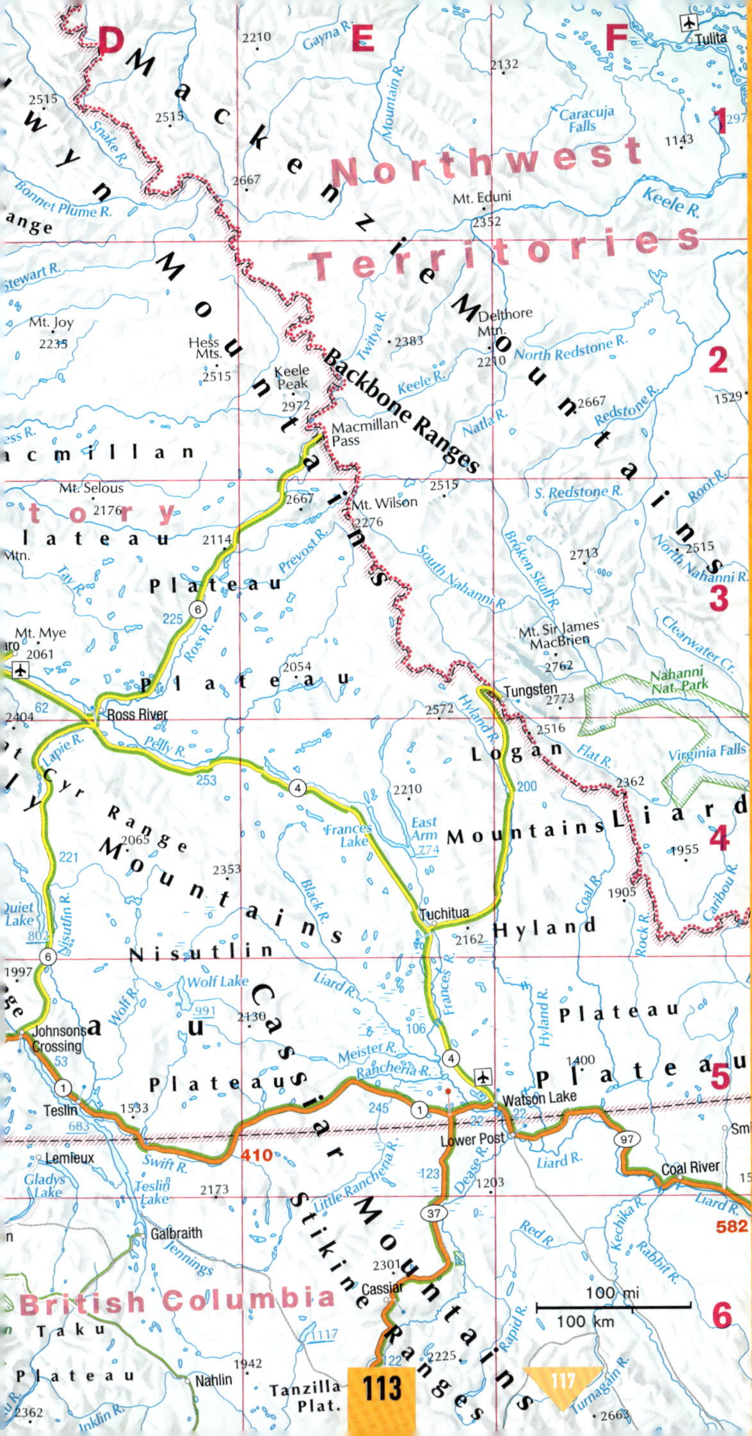

D
E
F
1
2
3
4
5
6
Northwest Territories
British Columbia
Mackenzie Mountains
Backbone Ranges
Selwyn Mountains
Macmillan Plateau
Pelly Plateau
Logan Mountains
Liard Plateau
Hyland Plateau
St. Cyr Range
Pelly Mountains
Nisutlin Plateau
Cassiar Mountains
Stikine Ranges
Taku Plateau
Tanzilla Plat.
Tulita
Caracuja Falls
Keele R.
Mt. Eduni
2352
Mt. Joy
2235
Hess Mts.
2515
Keele Peak
2972
Macmillan Pass
Mt. Selous
2176
Mt. Wilson
2276
Delthore Mtn.
2210
North Redstone R.
Redstone R.
S. Redstone R.
South Nahanni R.
North Nahanni R.
Broken Skull R.
Mt. Sir James MacBrien
2762
Tungsten
2773
Nahanni Nat. Park
Virginia Falls
Clearwater Cr.
Flat R.
Mt. Mye
2061
Ross River
Pelly R.
Lapie R.
Ross R.
Tay R.
Frances Lake
East Arm
774
Tuchitua
Quiet Lake
Nisutlin R.
Wolf Lake
Johnsons Crossing
Teslin
Teslin Lake
Lemieux
Gladys Lake
Swift R.
Galbraith
Jennings
Meister R.
Rancheria R.
Little Rancheria R.
Watson Lake
Lower Post
Dease R.
Liard R.
Coal River
Kechika R.
Rabbit R.
Red R.
Rapid R.
Cassiar
Nahlin
Turnagain R.
Hyland R.
Coal R.
Rock R.
Caribou R.
Gayna R.
Mountain R.
Snake R.
Bonnet Plume R.
Stewart R.
Twitya R.
Natla R.
Root R.
Prevost R.
Black R.
Frances R.
Wolf R.
Inklin R.
100 mi
100 km
113
117

A
B
C
1
2
3
4
5
6
Tununak
Nelson I.
452
C. Vancouver
Nightmote
Etolin Strait
Chefornak
Kinak Bay
Kikegtek I.
C. Corwin
Kipnuk
Pingurbek I.
Kwigluk I.
Kwigillingok
Nunavakpak L.
Bethel
Napaiskak
Kuskokwim R.
Dall L.
Tuntutuliak
Eek
Eek I.
Eek R.
Kwethluk R.
Kisaralik R.
Kilbuck Mountains
Chikuminuk L.
Tikchik Lakes
Mt. Oratia
1646
Kanektok R.
Quinhagak
Arolik R.
Kuskokwim Bay
Ahklun Mountains
Kemuk R.
L. Nerka
L. Aleknagik
L. Nunavaugaluk
Explorer Mtn.
812
Middle Fork R.
Carter Spit
Platinum
Togiak
Goodnews Bay
Togiak Bay
Walrus Is.
State Game Sanctuary
High I.
Crooked I.
Nushagak Pen.
C. Newenham
543
Hagemeister Strait
Calm Pt.
Hagemeister I.
Walrus Is.
Cape Constantine
Bristol Bay
Bering Sea
Port Heiden
Strogonof Pt.
Seal Is.
Ilnik
Black L.
Veniaminof Vol.
2507
Lagoon Pt.
Walrus I.
Port Moller
Perryville
Chiachi I.
Paul I.
Jacob I.
Caribou R.
1311
Mt. Dana
Stepovak Bay
Alaska Marine HWY
Anvak I.
Moffet Pt.
Kudiakof Is.
Pavlof Vol.
2504
Pavlof Bay
Unga Strait
Korovin I.
Kupreanof Pt.
Cold Bay
Pavlof Is.
Unga I.
696
Sand Point
Andronica I.
Unimak I.
Otter Pt.
C. Mordvinof
1763
King Cove
Ukolnoi I.
Wosnesenski I.
Poperechnoi I.
Dolgoi I.
Popof I.
561
Big Koniuji I.
Shumagin Islands
Deer I.
Nagai I.
Little Koniuji I.
Simeonof I.
Shishaldin Vol.
2857
False Pass
Fawn Pt.
Bird I.
Chernabura I.
Unimak Bight
C. Pankof
Cherni I.
Shumagin Bank
Sanak
Sanak I.
Caton I.
Sanak Islands
Alaska Marine HWY

D
E
F
110
Lake Clark Nat. Park and Preserve
Chigmit Mountains
Cook Inlet
Kenai
Soldotna
Skilak L.
Kenai Peninsula
Tustumena
219
Sterling HWY
Ninilchik
Kalgin I.
Tuxedni B.
Chisik I.
Iliamna Vol. 3083
L. Clark
Nondalton
1289
Pile Bay Village
Newhalen R.
Mulchatna R.
Chilikadrotna R.
Nushagak R.
Finn Mt. 755
Ketok Mtn. 517
Koliganek
Newhalen
Williamsport
Chinitna Pt.
Homer
Kachemak Bay
Seldovia
Iliamna Lake
New Stuyahok
Igiugig
Burr Pt.
Augustine I. 1196
Pt. Adam
East Chugach I.
Elizabeth I.
Perl I.
Chugach Is.
Ushagat I.
West Amatuli I.
East Amatuli I.
Barren Is.
Alaska Marine HWY
Kvichak R.
Hallersville
Kukaklek L.
Chenik
Kamishak Bay
Kamishak R.
Mt. Douglas 2153
C. Douglas
Lewis Point
Sugarloaf Mtn. 745
Katmai Nat. Park and Preserve
Naknek
King Salmon
Naknek L.
Kvichak Bay
Aleutian Range
Pt. Banks
Shuyak I.
Afognak Island
Tonki C.
Marmot I.
Mt. Denison 2318
C. Nukshak
Black C.
Mt. Katmai 2047
Steep C.
Afognak Mtn. 688
King Salmon R.
Raspberry I.
Marmot Bay
Shelikof Strait
Kupreanof Str.
Whale I.
Spruce I.
C. Ilktugitak
Uganik I.
Fort Abercrombie S. H. P.
Kodiak
Woody I.
Katmay Bay
Miners Pt.
Port Lions
Chiniak B.
Becharof L.
Mt. Peulik 1500
Kodiak Island
C. Chiniak
Uyak Bay
C. Kekurnoi
Kanatak
Ugashik L.
Pilot Point
Portage Bay
Karluk
Narrow C.
Ugak I.
1341
Wide Bay
Dangerous C.
Kiliuda Bay
Dog Salmon R.
King Salmon R.
C. Ikolik
Old Harbor
Alaska Peninsula
Mt. Chiginagak 2143
Sitkalidak I.
C. Providence
Low C.
Akhiok
Black Pt.
Two Headed I.
Aliulik Pen.
Alitak Bay
C. Alitak
Albatros Bank
Chiginagak Bay
Aniakchak Nat. Mon. and Preserve
C. Kunmik
Geese Is.
Aiaktalik I.
Sitkinak Strait
Sitkinak Is.
488
C. Sitkinak
Aniakshak Bay
C. Kumliun
Foggy C.
Sutvik I.
Tugidak I.
Trinity Is.
Nakchamik I.
Castle C.
Aghiyuk I.
Semidi Is.
Chowiet I.
Chirikof I.
South C.
PACIFIC OCEAN
100 mi
100 km
1
2
3
4
5
6

Seward Glacier
Mt. St.Elias
Mt. Augusta
Mt. Vancouver
Mt. Cook
112
St. Elias Mountains
Malaspina Glacier
Yakutat Bay
Yakutat
Ocean C.
Russell Fiord Wilderness
Mt. Draper
Dezadeash
Dezadeash Lake
Tatshenshini-Alesk
Haines Hwy
Kusawa Lake
Mt. Arkell
Marsh Lake
Carcross
Bennett Lake
Tagish Lake
Klondike Highway
Bennett
Chilkoot Pass
White Pass
Teepee
Taku Arm
Chilkat Bald Eagle Preserve
Kluane Nat. Park
Skagway
Engineer
Porcupine
Tanani
Haines
Port Chilkoot
Chilkat Inlet
Mt. Hay
Grand Pacific Glacier
Muir Glacier
Glacier Bay Nat. P. and Preserve
Yakutat, Seward, Valdez
Dry Bay
C. Fairweather
Mt. Fairweather
Mt. Grillon
Mt. Nesselrode
Llewellyn Glacier
Lynn Canal
Pt. Bridget State P.
Mendenhall Glacier
Auke Bay
Juneau
Douglas
Brady Glacier
Gustavus
Icy Strait
C. Spencer
Cross Sound
Elfin Cove
Yakobi I.
Pelican
Funter
Hoonah
Hawk Inlet
Admiralty I. Nat. Mon.
Stephens Passage
Chichagof Island
West Chicagof Yakobi Wilderness
Tenakee Springs
Chichagof
Kootznoowoo Wilderness
Peril Strait
Chatham
Angoon
Admiralty I.
Chatham Strait
Baranof Island
Kruzof I.
Old Sitka
Sitka
Baranof
Sitka Sd.
South Baranof Wild.
Kuiu Island
Whale Bay
Port Alexander
Cape Ommaney
Christian Sound
Coronation I. Wilderness
Iphigen Bay
Maurelle Is. Wilderness
Noyes I.
Alexander Archipela
PACIFIC OCEAN
-9h Gr.Tim
-8h Gr.Tim
100 mi
100 km
A B C
1 2 3 4 5 6

D
E
F
1
2
3
4
5
6
113
Hyland
Plateau
Johnsons Crossing
Nisutlin Plateau
Cassiar Mountains
Wolf R.
Meister R.
Rancheria R.
Hyland R.
Watson Lake
Teslin
1533
683
410
Lower Post
97
Coal River
Liard R.
582
Lemieux
Swift R.
Gladys Lake
Teslin Lake
2173
Little Rancheria R.
Dease R.
1203
37
Galbraith
Jennings
Red R.
Kechika R.
Rabbit R.
Stikine Ranges
2301
Cassiar
Rapid R.
1117
122
Taku
Plateau
1942
Nahlin
2225
Turnagain R.
2362
Inklin R.
Sheslay R.
Tanzilla
Dease L.
730
2663
Kechika Ranges
Stikine Plat.
Dease Lake
Nahlin
1981
Plateau
Tuya R.
Tanzilla R.
752
2408
Frog R.
2743
Coast
Telegraph Creek
Edziza Peak
2786
Mt. Edziza Prov. P.
820
Stikine R.
Spatsizi
2469
Chutine Landing
Fords
Terror
Wild.
Klappen R.
Spatsizi Plateau Wilderness Prov. P.
Mt. Will
2499
Mt. Ratz
3136
2938
Ambition Mtn.
Mt. Hickman
2956
Mess C.
Finlay R.
Plateau
1245
Tatlatui Prov. P.
Thutade Lake
2100
338
Nass R.
Alma Pk.
2409
2125
Skeena R.
British Columbia
Stikine-Leconte Wild.
1214
Petersburg
Stikine R.
2850
Boundary
1751
Iskut R.
Unuk R.
Bell-Irving R.
Cassiar-Stewart Highway
Wrangell
Zarembo I.
Wrangell I.
Anan creek
2092
2067
Boundary Ranges
Mt. Patullo
2730
37A
2210
2411
Shedin Pk.
2591
Stikine Strait
1195
Etolin I.
Clarence Str.
Misty Fiords Nat. Mon. Wilderness
Stewart
Hyder
Nass Basin
524
Prince of Wales I.
Bell Island Hot Springs
1430
Cleveland Pen.
Khswan Mtn.
2286
Portland Canal
92
Cranberry Junction
Babine R.
Klawock
Revillagigedo Island
Alice Arm
Nass R.
Kispiox R.
2438
Craig
1178
Hollis
Kasaan B.
Behm Canal
Ward Cove
Ketchikan
Misty Fiords Nat. Mon.
Observatory Inlet
2286
New Aiyansh
2368
Ksan Indian Village
Hazelton
New Hazelton
Kitwanga
Moricetown
Bulkley R.
Hydaburg
Mtn. Point
Anette I.
Hazelton Mountains
Sukkwan I.
Metlakatla
Anette I. Ind. Res.
812
U.S.A.
Arrandale
68
South Prince of Wales Wilderness
827
Dall I.
Cordova Bay
Duke I.
Revillagigedo Chan.
Portland Inlet
Dorreen
2786
Rosswood
16
Usk
92
Zymoetz R.
C. Muzon
Kaigani
C. Chacon
2195
Terrace
CANADA
336
Dixon Entrance
Dundas I.
Chatham Sd.
Port Simpson
Tsimpsean Ind. Res.
43
Exstew
Skeena R.
58
2743
Bulkley Ranges
150
Prince Rupert
Skeena
107
242
37
Langara I.
Graham I.
Rose Pt.
Stephens I.
Atna Peak
2755
Morice Lake
797
Kitimat
Haida
585

KARTENLEGENDE

Autobahn, mehrspurige Straße - in Bau Highway, multilane divided road - under construction		Autoroute, route à plusieurs voies - en construction Autopista, carretera de más carriles - en construcción
Gebührenpflichtige Straße - in Bau Toll road - under construction		Route à péage - en construction Carretera de peaje - en construcción
Fernverkehrsstraße - in Bau Trunk road - under construction		Route à grande circulation - en construction Ruta de larga distancia - en construcción
Hauptstraße Principal highway		Route principale Carretera principal
Nebenstraße Secondary road		Route secondaire Carretera secundaria
Fahrweg, Piste Practicable road, track		Chemin carrossable, piste Camino vecinal, pista
Straßennummerierung Road numbering	1 48 1 26 26	Numérotage des routes Numeración de carreteras
Entfernungen in mi. (USA), in km (CDN) Distances in mi. (USA), in km (CDN)	259 130 129	Distances en mi. (USA), en km (CDN) Distancias en mi. (USA), en km (CDN)
Höhe in Meter - Pass Height in meters - Pass	1365	Altitude en mètres - Col Altura en metros - Puerto de montaña
Eisenbahn - Eisenbahnfähre Railway - Railway ferry		Chemin-de-fer - Ferry-boat Ferrocarril -Transbordador para ferrocarriles
Autofähre - Schifffahrtslinie Car ferry - Shipping route		Bac autos - Ligne maritime Transbordador de automóviles - Ruta marítima
Wichtiger internationaler Flughafen - Flughafen Major international airport - Airport		Aéroport importante international - Aéroport Aeropuerto importante internacional - Aeropuerto
Internationale Grenze - Provinzgrenze International boundary - Province boundary		Frontièr nationale - Limite ou de província Frontera nacional - Frontera provincial
Unbestimmte Grenze Undefined boundary		Frontièr d'Etat non définie Frontera indeterminada
Zeitzonengrenze Time zone boundary	-4h Greenwich Time -3h Greenwich Time	Limite de fuseau horaire Límite del huso horario
Hauptstadt eines souveränen Staates National capital	WASHINGTON	Capitale nationale Capital de un estado soberano
Hauptstadt eines Bundesstaates Federal capital	BOSTON	Capitale d'un état fédéral Capital de estado
Sperrgebiet Restricted area		Zone interdite Zona prohibida
Indianerreservat - Nationalpark Indian reservation - National park		Réserve d'indiens - Parc national Reserva de indios - Parque nacional
Antikes Baudenkmal Ancient monument	∴	Monuments antiques Yacimiento arqueológico
Sehenswertes Kulturdenkmal Interesting cultural monument	*Fort Kent*	Monument culturel intéressant Monumento cultural de interés
Sehenswertes Naturdenkmal Interesting natural monument	*Niagara Falls*	Monument naturel intéressant Monumento natural de interés
Brunnen Well		Puits Pozo
Ausflüge & Touren Excursions & tours		Excursions & tours Excursiones & rutas

FÜR IHRE NÄCHSTE REISE

gibt es folgende MARCO POLO Titel:

DEUTSCHLAND
Allgäu
Amrum/Föhr
Bayerischer Wald
Berlin
Bodensee
Chiemgau/Berchtesgadener Land
Dresden/Sächsische Schweiz
Düsseldorf
Eifel
Erzgebirge/Vogtland
Franken
Frankfurt
Hamburg
Harz
Heidelberg
Köln
Lausitz/Spreewald/Zittauer Gebirge
Leipzig
Lüneburger Heide/Wendland
Mark Brandenburg
Mecklenburgische Seenplatte
Mosel
München
Nordseeküste Schleswig-Holstein
Oberbayern
Ostfriesische Inseln
Ostfriesland/Nordseeküste Niedersachsen/Helgoland
Ostseeküste Mecklenburg-Vorpommern
Ostseeküste Schleswig-Holstein
Pfalz
Potsdam
Rheingau/Wiesbaden
Rügen/Hiddensee/Stralsund
Ruhrgebiet
Schwäbische Alb
Schwarzwald
Stuttgart
Sylt
Thüringen
Usedom
Weimar

ÖSTERREICH | SCHWEIZ
Berner Oberland/Bern
Kärnten
Österreich
Salzburger Land
Schweiz
Tessin
Tirol
Wien
Zürich

FRANKREICH
Bretagne
Burgund
Côte d'Azur/Monaco
Elsass
Frankreich
Französische Atlantikküste
Korsika
Languedoc-Roussillon
Loire-Tal
Nizza/Antibes/Cannes/Monaco
Normandie
Paris
Provence

ITALIEN | MALTA
Apulien
Capri
Dolomiten
Elba/Toskanischer Archipel
Emilia-Romagna
Florenz
Gardasee
Golf von Neapel
Ischia
Italien
Italienische Adria
Italien Nord
Italien Süd
Kalabrien
Ligurien/Cinque Terre
Mailand/Lombardei
Malta/Gozo
Oberital. Seen
Piemont/Turin
Rom
Sardinien
Sizilien/Liparische Inseln
Südtirol
Toskana
Umbrien
Venedig
Venetien/Friaul

SPANIEN | PORTUGAL
Algarve
Andalusien
Barcelona
Baskenland/Bilbao
Costa Blanca
Costa Brava
Costa del Sol/Granada
Fuerteventura
Gran Canaria
Ibiza/Formentera
Jakobsweg/Spanien
La Gomera/El Hierro
Lanzarote
La Palma
Lissabon
Madeira
Madrid
Mallorca
Menorca
Portugal
Sevilla
Spanien
Teneriffa

NORDEUROPA
Bornholm
Dänemark
Finnland
Island
Kopenhagen
Norwegen
Schweden
Stockholm
Südschweden

WESTEUROPA | BENELUX
Amsterdam
Brüssel
Dublin
England
Flandern
Irland
Kanalinseln
London
Luxemburg
Niederlande
Niederländische Küste
Schottland
Südengland

OSTEUROPA
Baltikum
Budapest
Estland
Kaliningrader Gebiet
Lettland
Litauen/Kurische Nehrung
Masurische Seen
Moskau
Plattensee
Polen
Polnische Ostseeküste/Danzig
Prag
Riesengebirge
Russland
Slowakei
St. Petersburg
Tallinn
Tschechien
Ungarn
Warschau

SÜDOSTEUROPA
Bulgarien
Bulgarische Schwarzmeerküste
Kroatische Küste/Dalmatien
Kroatische Küste/Istrien/Kvarner
Montenegro
Rumänien
Slowenien

GRIECHENLAND | TÜRKEI | ZYPERN
Athen
Chalkidiki
Griechenland Festland
Griechische Inseln/Ägäis
Istanbul
Korfu
Kos
Kreta
Peloponnes
Rhodos
Samos
Santorin
Türkei
Türkische Südküste
Türkische Westküste
Zakinthos
Zypern

NORDAMERIKA
Alaska
Chicago und die Großen Seen
Florida
Hawaii
Kalifornien
Kanada
Kanada Ost
Kanada West
Las Vegas
Los Angeles
New York
San Francisco
USA
USA Neuengland/Long Island
USA Ost
USA Südstaaten/New Orleans
USA Südwest
USA West
Washington D.C.

MITTEL- UND SÜDAMERIKA
Argentinien
Brasilien
Chile
Costa Rica
Dominikanische Republik
Jamaika
Karibik/Große Antillen
Karibik/Kleine Antillen
Kuba
Mexiko
Peru/Bolivien
Venezuela
Yucatán

AFRIKA | VORDERER ORIENT
Ägypten
Djerba/Südtunesien
Dubai/Vereinigte Arabische Emirate
Israel
Jerusalem
Jordanien
Kapstadt/Wine Lands/Garden Route
Kapverdische Inseln
Kenia
Marokko
Namibia
Qatar/Bahrain/Kuwait
Rotes Meer/Sinai
Südafrika
Tunesien

ASIEN
Bali/Lombok
Bangkok
China
Hongkong/Macau
Indien
Japan
Ko Samui/Ko Phangan
Malaysia
Nepal
Peking
Philippinen
Phuket
Rajasthan
Shanghai
Singapur
Sri Lanka
Thailand
Tokio
Vietnam

INDISCHER OZEAN | PAZIFIK
Australien
Malediven
Mauritius
Neuseeland
Seychellen
Südsee

REGISTER

Hier sind alle in diesem Buch erwähnten Orte, Highways, Gletscher, Nationalparks (NP) und viele Sehenswürdigkeiten verzeichnet. Halbfette Seitenzahlen verweisen auf den Haupteintrag, kursive auf ein Foto.

> SCHREIBEN SIE UNS!

Liebe Leserin, lieber Leser,

wir setzen alles daran, Ihnen möglichst aktuelle Informationen mit auf die Reise zu geben. Dennoch schleichen sich manchmal Fehler ein – trotz gründlicher Recherche unserer Autoren/innen. Sie haben sicherlich Verständnis, dass der Verlag dafür keine Haftung übernehmen kann.

Wir freuen uns aber, wenn Sie uns schreiben.

Senden Sie Ihre Post an die MARCO POLO Redaktion, MAIRDUMONT, Postfach 31 51, 73751 Ostfildern, info@marcopolo.de

IMPRESSUM

Titelbild: Schlittenhunde, Anchorage (Getty Images/Lonely Planet Images: Newmann)
Fotos: About Face (15 o.); Alaska Ultra Sport: Kathi Hirzinger-Merchant (14 o.); All Alaska Tours (88 M.r.); Circular: Littleearth (12 u.); © fotolia.com: victor zastol'skiy (15 u.); Getty Images/Lonely Planet Images: Newmann (1); HB Verlag: Heimbach (2 l., 8/9, 16/17, 20, 28, 29, 45, 56/57, 58, 72, 74); R. Hicker (U. r., 3 l., 4 r., 5); Huber: Damm (22/23, 42, 48/49), Gräfenhain (46), Huber (22, 39, 84/85), Newman (83), Römmelt (30/31, 50, 76/77); IdidaRide Sled Dog: Danny Seavey (89 o.l.); Image Bank (3 r.); © iStockphoto.com: Vera Bogaerts (88 u.r.), Carrie Bottomley (15 M.), David Hughes (13 o.), Ai-Lan Lee (89 u.r.), Liza McCorkle (88 o.l.); R.E. Jung (U. l., 3 M.); Kinleys Restaurant (88 M.l.); Patricia Krisan (12 o.); Laif: Harscher (106/107), Heeb (26, 34/35), Heuer (6/7, 24/25, 67, 87, 90/91), IML (54), Raach (69, 81); Brad Lamphere (14 u.); Jamie Lang Photography (89 M.l.); G. Lenz (18); Look: age fotostock (41), Wothe (70/71, 94/95); Mauritius: Alaska Stock (32), Delimont (37, 61), Römmelt (65); L.&H. Purmann (U. M., 2 r., 11, 78, 93, 94, 95); D. Renckhoff (4 l., 27, 28/29, 53, 55); Schapowalow: Dieterich (62); Sheraton Hotel and Spa (89 M.r.); Strept: Vince Young „Mozzchopz“ (13 u.); K. Teuschl (23, 122)

6., aktualisierte Auflage 2009

Chefredaktion: Michaela Lienemann, Marion Zorn
Autor: Karl Teuschl; Redaktion: Arnd M. Schuppius
Programmbetreuung: Jens Bey, Silwen Randebrock; Bildredaktion: Barbara Schmid, Gabriele Forst
Szene/24h: wunder media, München
Kartografie Reiseatlas: © MAIRDUMONT, Ostfildern
Innengestaltung: Zum goldenen Hirschen, Hamburg; Titel/S. 1–3: Factor Product, München
Sprachführer: in Zusammenarbeit mit Ernst Klett Sprachen GmbH, Stuttgart, Redaktion PONS Wörterbücher

Printed in Germany. Gedruckt auf 100% chlorfrei gebleichtem Papier

UNSER AUTOR

MARCO POLO Insider Karl Teuschl im Interview

Karl Teuschl lebt in München und Vancouver. Als Buch- und Filmautor ist er stets auf der Suche nach spannenden Themen – und findet sie.

Wieso kennen Sie Alaska so gut?

Seit gut 20 Jahren reise ich immer wieder nach Alaska: erst auf Wildnistouren, später als Reiseleiter, dann für Reportagen, Reiseführer und Filmprojekte.

Was reizt Sie an Alaska?

Die Wildnis, die unendliche Weite, der Platz, den man auch im täglichen Leben hat – das beeindruckt mich am meisten. Und auch wenn die Amerikaner sicherlich ihre Fehler im Umweltschutz gemacht haben – die Natur ist immer noch intakter, wilder und ursprünglicher als in Europa. Es gibt – nicht nur in Nationalparks – noch wirklich große Landflächen, in denen der Mensch noch keine Spuren hinterlassen hat. Alaska ist für uns Europäer schon etwas ganz Besonderes und ziemlich ideal als Urlaubsland – auch, weil die Menschen unglaublich offen und herzlich sind.

Und was mögen Sie an Alaska nicht so?

Die sprichwörtliche Oberflächlichkeit der Amerikaner ist auf Dauer schon etwas nervig. Man kann gute Freunde finden, aber im Alltag muss sich darauf einstellen, dass das „How are you" nur eine Floskel ist und es im Ernst niemanden interessiert, wie es einem wirklich geht.

Was genau machen Sie beruflich?

Ich bin Amerika-Korrespondent für die Reisezeitschrift GEO-Saison, daneben Autor für Reisebücher und Bildbände, und ich mache Dokumentar- und Reisefilme für mehrere öffentlich-rechtliche Fernsehsender. Gerade meine Arbeit als Korrespondent passt gut zu den Reiseführern: Bei beiden Tätigkeiten muss ich immer am Ball sein und das Neueste über die Region herausfinden.

Was tun Sie in Ihrer Freizeit?

Auch nach 30 Jahren unterwegs ist Reisen immer noch mein Hobby – und zum Glück auch Beruf. Ich habe mir die Neugier bewahrt und freue mich immer noch über jede Entdeckung. Und wenn ich in Alaska bin, kann ich mich beim Grizzly-Viewing tagelang hinsetzen und diesen herrlichen Tieren nur zusehen.

Mögen Sie die Küche in Alaska?

Naja, es wird schon sehr deftig gekocht in Alaska. Für das Outdoor-Leben braucht man eben viele Kalorien, denken die Köche hier – und das möglichst schon zum Frühstück. Aber ein frischer Lachs, in Alufolie im Lagerfeuer mit Petersilie und Zitrone gedämpft, das kann ich selber auch. Und es schmeckt wunderbar. Doch es gibt auch Highlights: Unvermutet entdeckt man im Hinterland ein supergutes Sushi-Lokal mit bestem Fisch. Dann ist die kulinarische Welt wieder in Ordnung.

10 € GUTSCHEIN für Ihr persönliches Fotobuch*!

Gilt aus rechtlichen Gründen nur bei Kauf des Reiseführers in Deutschland und der Schweiz

SO GEHT'S: Einfach auf www.marcopolo.de/fotoservice/gutschein gehen, Wunsch-Fotobuch mit den eigenen Bildern gestalten, Bestellung abschicken und dabei Ihren Gutschein mit persönlichem Code einlösen.

Ihr persönlicher Gutschein-Code: mpfyetrj6w

Zum Beispiel das MARCO POLO FUN A5 Fotobuch für 7,49 €.

* Dies ist ein spezielles Angebot der fotokasten GmbH. Der Gutschein ist einmal pro Haushalt/Person einlösbar. Dieser Gutschein gilt nicht in Verbindung mit weiteren Gutscheinaktionen. Eine Barauszahlung ist nicht möglich. Gültig bis 31.12.2013. Der Gutschein kann auf www.marcopolo.de/fotoservice/gutschein auf alle Fotobuch-Angebote und Versandkosten (Deutschland 4,95 €, Schweiz 9,95 €) der fotokasten GmbH angerechnet werden. powered by fotokasten

www.marcopolo.de/fotoservice/gutschein

> BLOSS NICHT!

Im wilden Alaska gibt es Dinge, die man unbedingt wissen sollte

Zu sorglos sein

Zwar ist Alaska ein recht sicheres Reiseland, aber die übliche Vorsicht ist auch hier angebracht. Gelegenheit macht auch in Alaska Diebe. Lassen Sie also auf dem Parkplatz keine Kameras offen im Wagen liegen, und sperren Sie die Motelzimmertür ab.

Bärenspray im Flugzeug transportieren

Das in den Sportgeschäften Alaskas angebotene Pfefferspray wirkt zwar tatsächlich abschreckend auf Bären, aber nehmen Sie es bloß nicht im Charterflugzeug mit. Die Airlines verbieten das, denn die Spraydose könnte versehentlich während des Fluges losgehen – und den Piloten kurzzeitig erblinden lassen!

Entfernungen unterschätzen

Täuschen Sie sich bloß nicht über die Dimensionen Alaskas. Besonders im weiten Norden kann ein Fingerbreit auf der Landkarte eine elend lange Tagestour auf Schotterstraßen bedeuten.

Provozieren und zu viel diskutieren

Alaska ist nach wie vor ein Macholand, und am späteren Abend kann es in den Kneipen schon mal rau zugehen. Besonders bei spätabendlichen, alkoholschwangeren Diskussionen hält man sich besser mit kritischen Bemerkungen zurück – Themen wie Jagen, Umweltschutz oder Ölbohrungen in Wildschutzgebieten verschieben Sie besser auf den nächsten Morgen. Bei einer Diskussion ist es vernünftiger, nicht zu widersprechen – außer, Sie wollen eine zünftige Prügelei mit einem Holzfäller oder Fischer, der auch alkoholisiert noch verblüffend hart zuschlagen kann.

Den Straßenzustand außer Acht lassen

Vertrauen Sie bloß nicht auf den guten Zustand der Highways. Das Stück, auf dem Sie gerade fahren, mag zwar kürzlich neu geteert worden und prima mit 100 Sachen zu befahren sein, aber schon ein paar Kilometer später holt Sie garantiert eine kräftige, vom Frost aufgeworfene Bodenwelle wieder auf den Boden der alaskischen Realität zurück. Vor allem im Mai sind die Highways oftmals noch vom Winter ramponiert.

Spontane Wildniswanderungen unternehmen

Sei es ein Tag, eine Woche oder ein Monat, die Sie auf einer Wanderung oder Kanutour in der Wildnis verbringen wollen: Vergessen Sie in keinem Fall, eine kurze Notiz über Ihre Route und die voraussichtliche Zeit der Rückkehr zu hinterlassen – beim Kanuvermieter, beim Buschpiloten, der Sie ins Hinterland fliegt, oder beim Ranger im Nationalpark. Falls etwas schiefgeht, kann so ein Suchtrupp losgeschickt werden. Deshalb nicht vergessen, sich auch wieder zurückzumelden! Nehmen Sie außerdem immer Lebensmittel für einige Extratage mit!